CORDULA NUSSBAUM

LOCKER IM GRIFF

INHALT

Vom Familien-Chaos zum **Familien-Coach**

Seite 6

Freiraum und Freizeit: **Puffer, Pausen & Paroli**

Seite 38

Gemeinsam mehr erreichen

Seite 98

Am Ball bleiben: Veränderungen erhalten

Seite 118

BESTANDSAUFNAHME

MASSNAHMEN

TEAMWORK

TRAUMZIELE

Das Abenteuer Familie gelassen erleben

Liebe Leserin, lieber Leser,

das Leben in einer Familie ist ein Abenteuer und überraschende Wendungen gehören zum täglich Brot. Studien belegen, dass viele Eltern sich von ihrem familiären Alltag regelrecht gestresst fühlen. Statt heimeliger Atmosphäre zum Entspannen herrscht in den eigenen vier Wänden knallharter Druck pur: 95 Prozent der Hausfrauen und Hausmänner fühlen sich durch Stress belastet – mehr als Manager in den Unternehmen, stellte eine Stress-Studie der Techniker-Krankenkasse fest. Stellen Sie rechtzeitig die Weichen, damit es bei Ihnen gar nicht erst so weit kommt oder ziehen Sie jetzt die Reißleine, um es zu ändern. Nehmen Sie sich einen Augenblick Zeit, um herauszufinden, was Ihnen momentan wichtig ist und welche Veränderungen Sie sich momentan in Ihrem familiären Alltag wünschen.

Warum betone ich das Wort *momentan*? Weil Kinder sich so schnell entwickeln, dass es keine dauerhaften Lösungen gibt, sondern immer welche, die der aktuellen Situation gerecht werden. Die Lösung kann dann ein paar Tage, ein paar Wochen oder ein paar Monate gelebt werden. Als Eltern leiten Sie das Unternehmen Familie und steuern, wie anstrengend oder wie angenehm und schön der Alltag sein kann. Sie können dafür sorgen, dass es in jeder Woche zumindest einige stressfreie Tage gibt. Das gibt Ihnen selbst die nötige Ruhe, auch turbulente Ausnahmen gelassener anzugehen. Sie haben es, zumindest ein gutes Stück weit, in der Hand, die nötigen Rahmenbedingungen zu schaffen, um zu verhindern, dass Unvorhergesehenes sich zu einer mittelschweren Katastrophe auswächst und das Familienleben komplett zum Erliegen bringt. Schaffen Sie als Familien-Coach die Grundlagen für Gelassenheit.

Mit den Übungen aus diesem Buch und gesundem Menschenverstand werden Sie eine schöne Mitte finden zwischen den »Alles-ist-ganz-easy«-Hochglanz-Verlautbarungen auf der einen und den frustrierten »Wir-haben-kein-eigenes-Leben-mehr«-Klagen auf der anderen Seite. Bleiben Sie flexibel und offen für Veränderungen, das hilft ungemein, den Druck im privaten Alltag zu reduzieren.

Seit dem Erscheinen meines ersten Ratgebers »Familien-Alltag sicher im Griff« haben sich Tausende von Eltern in Deutschland, Österreich und der Schweiz, dank Übersetzungen sogar in Frankreich und Tschechien, von meinen Tipps inspirieren lassen und den Alltag ihrer Familie entzerrt. Hier und heute halten Sie die komplett überarbeitete und aktualisierte Fassung des Topsellers in Händen, in dem die besten Tipps wieder vertreten sind, erweitert um neue Übungen und Erkenntnisse und viele, viele Praxisbeispiele, die mir per Mail geschickt oder in meinen Seminaren und Coachings geschildert wurden.

Ich wünsche Ihnen viel Spaß beim Lesen, viel Inspiration, viele Erfolgserlebnisse und vor allem die Erkenntnis, dass auch das Unberechenbare zu bändigen ist; denn es taucht berechenbar regelmäßig auf.

Herzlichst
Ihre Cordula Nussbaum

VOM FAMILIEN-CHAOS zum FAMILIEN-COACH

Den Alltag *gelassen* meistern

»MOM IN CHIEF«, so nennt US-Präsidenten-Gattin Michelle Obama sich selbst. Eine schöne Bezeichnung, die zeigt, dass Mama- und Papa-Sein ein hohes Amt mit Regierungsverantwortung ist. Ein Amt, mit dem wir die Aufgabe übernehmen, unser Familienunternehmen zu leiten. Ein Unternehmen, in dem es immer wieder drunter und drüber geht: Mitarbeiter, die völlig andere Sprachen sprechen; ein Gewimmel an Gästen; kaum feste Zeiten in der Kantine; Chefs, die einen Chauffeur brauchen; Lieferanten, die nicht kommen; und mittendrin stehen Sie und halten die Fäden in der Hand. Sie wollen mit viel Organisationsgeschick dafür sorgen, dass der Laden rund läuft und alle glücklich sind.

Und wie glücklich sind Sie dabei? Der zeitliche und organisatorische Druck zwischen Kita- und Konferenzschluss, zwischen Hort und Home-Office, zwischen Logopädin und Laternenfest, zwischen Kinderarzt und Kommunikationstraining hat viele Familien starr im Griff. Pausen machen und selbst Energie tanken ist dabei für viele Familien-Manager noch unwirklicher als die Inhalte der am Abend vorgelesenen Märchen. Entdecken Sie mit dem folgenden Selbsttest, welcher Grad an Trubel und Terminen Ihnen guttut.

✓ TEST Selbsttest: Erkennen Sie sich selbst

Bitte antworten Sie so, wie es sich für Sie richtig anfühlt.

Teil 1
Bitte markieren Sie die Aussage, die **derzeit** am ehesten auf Sie zutrifft.

Die meisten Tage laufen anders ab als erwartet, …
- ♦ und das stresst mich.
- ♣ und das macht mir Spaß.
- ♥ und darüber denke ich nicht weiter nach.

Mein derzeitiger Alltag …
- ♦ laugt mich aus.
- ♣ gibt mir viel Kraft.
- ♥ kostet mal Kraft, dann spendet er wieder Energie.

Meine Anzahl an Terminen und Pflichten …
- ♦ erdrückt mich.
- ♣ beflügelt mich.
- ♥ ist okay.

Was ich mir vornehme, schaffe ich zurzeit …
- ♦ selten oder nie.
- ♣ locker.
- ♥ mal besser, mal schlechter.

Ich bin derzeit …
- ♦ nah am Wasser gebaut und leicht erregbar.
- ♣ ausgeglichen und gelassen.
- ♥ mal so, mal so.

Ich schlafe …
- ♦ schlecht, selbst wenn meine Kinder mal durchschlafen.
- ♣ sehr gut.
- ♥ Über meinen Schlaf mache ich mir keine Gedanken.

Ich …
- ♦ habe derzeit oft Schmerzen, wie Kopf- oder Rückenschmerzen.
- ♣ fühle mich pudelwohl.
- ♥ werde derzeit nur von den üblichen Zipperlein geplagt.

Zeit für mich, meine Hobbys oder einen entspannten Abend mit Freunden …

♦ ist derzeit ein Fremdwort für mich.

♣ finde ich jederzeit.

♥ kommt mal mehr, mal weniger zum Zuge.

Punktezahlen: ♦ ………… ♣ ……… ♥ ………

Teil 2

Bitte markieren Sie nun, welche Aussage **prinzipiell** am ehesten auf Sie zutrifft.

Wie planen Sie prinzipiell Ihre Tage am liebsten?

▲ Ich erstelle Zeitpläne und arbeite meine Punkte der Reihe nach ab.

■ Ich plane jeden Einzelschritt meiner Tätigkeiten mit exakter Zeitangabe.

● Planen? Schon das Wort erzeugt mir Unbehagen! Ich lebe am liebsten spontan und tue, was halt gerade wichtig scheint.

★ Das kommt darauf an, wer gerade etwas von mir will, für wen ich was tun kann oder muss.

Wenn Sie andere Menschen über etwas informieren, dann ist es Ihnen in der Regel wichtig, …

■ detaillierte, präzise Informationen und Fakten zu geben.

● in groben Zügen einen Überblick zu vermitteln, ohne sich in Details zu verlieren.

★ die Meinung des anderen dazu gleich zu hören.

▲ vor allem die nächsten Schritte sowie einen konkreten Zeit- und Maßnahmenplan zu nennen.

Wenn Sie aufräumen oder Unterlagen sortieren, …

▲ dann achten Sie verlässlich auf die richtige Reihenfolge und den richtigen Platz der Dinge.

✓ TEST

● dann ist »fertig werden« wichtiger als die korrekte Ausführung im Detail.

★ achten Sie darauf, dass auch andere Menschen mit dieser Ordnung klarkommen.

■ folgen Sie logischen Kriterien.

Wenn Sie eine wichtige Entscheidung treffen, dann …

● haben Sie ein Gesamtkonzept im Auge.

■ sammeln Sie Fakten und Argumente, berücksichtigen Sie so viele Faktoren wie möglich, wägen ab, denken gründlich nach.

★ handeln Sie oft spontan aus dem Bauch heraus.

▲ schauen Sie, wie es sich früher bewährt hat.

Wie möchten Sie Anweisungen gerne erhalten?

● Ich wünsche mir einen groben Rahmen mit den zu erreichenden Zielen und dann die Freiheit selbst zu entscheiden, wie ich diese Ziele erreiche.

■ Ich wünsche mir präzise Angaben, übersichtliche Daten und Fakten sowie konkrete Messgrößen darüber, was ich zu erreichen habe.

▲ Ich wünsche mir einen konkreten Zeit- und Maßnahmenplan, den ich abarbeiten kann, gerne zum Beispiel auch Checklisten.

★ Ich wünsche mir eine klare Rollenverteilung und jederzeit die Möglichkeit für Rückfragen.

Bitte addieren Sie nun, wie oft Sie sich für welches Zeichen entschieden haben. Je höher die jeweils erreichte Punktzahl ist, desto mehr fällt dieser Aspekt bei Ihnen ins Gewicht.

Punktezahlen: ■ .... ▲ ....
● .... ★ ....

Die Auswertung

Der erste Teil des Selbsttests ermittelt, wie gestresst und überlastet Sie momentan sind.

Am Limit

Sie haben überwiegend ♦:
Ihr Stresspegel ist derzeit extrem hoch, die Belastungen durch Familie und/oder Beruf und/oder andere Aufgaben liegen eindeutig über Ihrer Leistungsgrenze. Schlaflose Nächte, Verspannungen und Schmerzen, oft in Schultern oder Rücken, sind ein eindeutiger Indikator, dass Sie sehr unter Druck stehen und schnell für Abhilfe sorgen sollten. Sie übernehmen möglicherweise mehr Verpflichtungen als Ihnen momentan guttut und bekommen derzeit nicht den nötigen Ausgleich, um Ihre Batterien wieder zu laden. Nur dann können Sie den Familienalltag entspannt meistern und den vielfältigen Aufgaben gelassen entgegensehen.

Tipp für den Familien-Coach:
Lernen Sie mit den Strategien von S. 23 die Toleranzschwelle für Ihre persönliche Belastung kennen und drehen Sie an den entsprechenden Stellschrauben. Möglicherweise gibt es Indikatoren wie Vergesslichkeit oder Zerstreutheit. Entdecken Sie, was Ihnen momentan wirklich wichtig ist und wie Sie die eigenen Bedürfnisse besser erkennen und durchsetzen können (S. 53). Profitieren Sie dann von den Praxis-Tipps ab S. 38, um den familiären Alltag zu entspannen.

Ausbalanciert

Sie haben überwiegend ♣:
Glückwunsch, Sie scheinen Ihren privaten Alltag und alle an Sie gestellten Anforderungen prima im Griff zu haben und rundum zufrieden zu sein. Sie können sich – trotz der vielfältigen Herausforderungen in einer Familie – eine perfekte Balance zwischen Arbeit und Erholung bewahren.

Tipp für den Familien-Coach:
Behalten Sie sich die Wertschätzung für die eigene Person bei und holen Sie sich zusätzliche Ideen im Praxisteil ab S. 38.
Oder haben Sie vielleicht ein wenig gemogelt bei Ihren Antworten? Weil man als Mama oder Papa doch nicht jammern darf, dass alles ein wenig viel ist, und man doch so dankbar sein muss ob des familiären Glücks? Dann lernen Sie im Kapitel »Zeit einteilen« den Inneren Widersacher »Blendaxius« (S. 83) kennen, durchbrechen Sie die Fesseln fremder Ansprüche und Manipulationen und finden Sie den Grad an Trubel und Ruhe, der *Ihnen* wirklich guttut.

Entspannt

Sie haben überwiegend ♥:
Ihr Stresspegel steigt und fällt in Bezug auf Ihre momentane familiäre Situation. Dies ist eine gesunde Mischung, denn Sie vermeiden dauerhaft extreme Druck-Situatio-

nen und finden auch Erholung. Sie wissen, dass ein Familienleben nicht immer planbar ist und nehmen Unerledigtes gelassen hin. Super. Sie sorgen für die richtige Höhe der Messlatte und passen Ihre Ansprüche der Situation an.

Tipp für den Familien-Coach:
Erhalten Sie sich Ihre entspannte Einstellung und optimieren Sie bei Bedarf mit konkreten Tipps aus dem Praxisteil ab S. 20.
Geben Sie ein gutes Beispiel auch Ihren Kindern gegenüber.

Der zweite Teil des Selbsttests ermittelt, welche Talente Sie haben und was das für die Organisation Ihres privaten Alltags bedeutet.

Dr. Annalyse Logisch

Sie haben überwiegend ■:
Sie zählen von Ihren Talenten her eher zu den logischen Ordnern, Tendenz *Logiker*. Sie lieben es, mit Zahlen, Daten und Fakten zu jong-

lieren, kennen mit Sicherheit auch den exakten Stand Ihrer privaten Konten, reden gerne klar und knapp auf den Punkt, legen Wert auf die Details und hassen uneffiziente Zeit- oder Geldverschwendung. Ihre privaten Ausgaben kalkulieren Sie genau und neigen dazu, Einzelschritte Ihrer Aufgaben exakt zu benennen und zu timen. Unpünktlichkeit und Unvorhergesehenes ist Ihnen ein Gräuel.

Welches Ergebnis hatten Sie in Teil Eins des Selbsttests?

Waren Sie sehr gestresst? Dann kann ein möglicher Grund sein, dass Ihre bevorzugte Art, das Leben, Aufgaben und Zeiten zu planen, in einer Familie einfach nicht anwendbar ist. Und so kämpfen Sie vergeblich gegen Windmühlen an mit dem Ziel, dass auch die Details stimmen – eine unerfüllbare Herkulesaufgabe. Denn eine Familie ist nicht exakt programmierbar, unlogische und gefühlsgeladene Situationen sind die Regel.

Tipp für den Familien-Coach:
Erkennen Sie die Situationen, in denen detailliertes, logisches Vorgehen tatsächlich gefragt ist und Sie und Ihre Familie weiterbringt. Besprechen Sie mit Ihren Lieben die Rollenverteilung in der Familie und übernehmen Sie überwiegend die Aufgaben, in denen Sie mit Ihren Talenten punkten können. Lernen Sie ansonsten, dass es Ihren privaten Alltag deutlich entzerren kann, wenn Sie sich weniger um Details kümmern. Nehmen Sie die Dinge lockerer, leben Sie, anstatt alles penibel kontrollieren zu wollen.

Ottmar Ordentlich

Sie haben überwiegend ▲:
Sie zählen ebenfalls eher zu den logischen Ordnern, Tendenz zum *Ordner*. Sie leben gerne in einer aufgeräumten, soliden Umgebung, wissen die Dinge gerne an ihrem angestammten Platz. Sie mögen klar strukturierte Tagesabläufe, planen gerne und möchten sich an

Ihre Pläne auch halten können. Sie arbeiten gerne mit Checklisten und vertrauen auf Bewährtes. Routinen geben Ihnen Halt. Unvorhergesehenes hingegen wirft Sie leicht aus der Bahn.

Welches Ergebnis hatten Sie in Teil Eins des Selbsttests?

Waren Sie sehr gestresst? Ein Grund dazu kann sein, dass eine Familie häufig per se ein chaotischer Haufen ist und unvorhergesehene Zwischenfälle eher die Regel als die Ausnahme sind. Und das stresst Sie enorm, schließlich haben Sie bereits viel Zeit und Energie in Ihre To-Do-Listen und ausgefeilten Tagespläne investiert, die nun aber immer wieder torpediert werden. So kämpfen Sie mit hohem Energieeinsatz darum, dass vereinbarte Termine wirklich – und pünktlich – eingehalten werden. Sie organisieren den perfekten Tagesablauf – und doch kommt sehr häufig alles völlig anders als geplant.

Tipp für den Familien-Coach:

Eine Familie ist kein perfekt zu planendes Projekt, zu viele Unwägbarkeiten (Kinder krank, KIGA geschlossen, Trödeln) werden Ihren Alltag immer wieder durcheinanderwirbeln. Je kleiner die Kinder sind, desto mehr ist das so. Bauen Sie Stress ab, indem Sie die Messlatte an Tagesstruktur und Ordnung in den eigenen vier Wänden auf das momentan »gesunde« Maß senken (S. 113). Lernen Sie *weniger* zu planen und mehr Freiräume zu schaffen (ab S. 99).

Igor Ideenreich

Sie haben überwiegend ●:
Sie zählen von Ihren Talenten her eher zu den kreativen Chaoten, Tendenz zum *Ideensprudler*. Sie lieben es, spontan und flexibel in den Tag zu leben. Sie sind häufig auf den letzten Drücker unterwegs, weil Ihnen in der entscheidenden Sekunde noch ganz wichtige Dinge eingefallen sind. Deshalb kommen

Sie auch häufig zu spät und ecken damit an. Sie lieben eher den Überblick als das Detail. Ihre Lebenseinstellung ist locker und optimistisch.

Welches Ergebnis hatten Sie in Teil Eins des Selbsttests?

Waren Sie sehr gestresst? Es kann sein, dass das Leben mit Kindern von Ihnen mehr strukturiertes Verhalten verlangt, als Sie normalerweise leben würden. Das geht mit den (regelmäßigen) Bettgehzeiten an und endet bei der Menge an Zeug, das mit jedem Erdenbürger exponenziell ansteigt. Kamen Sie kinderlos noch mit Ihren »streunenden« Sachen gut klar, so kann Ihr Hausstand mittlerweile zu einem unübersichtlichen Chaos angeschwollen sein – und das kostet Energie und Nerven. Denn auch kreative Chaoten lieben zwar eine optische Ruhe – aber anders als die logischen Ordner müssen sie eine Menge Energie investieren, um diese Ordnung zu schaffen und zu halten.

Tipp für den Familien-Coach:

Finden Sie eine neue Balance zwischen wirklich nötigen Strukturen und Ihren persönlichen Bedürfnissen nach Freiheit und Spontaneität. Lösen Sie sich vom gesellschaftlichen Druck, dass »man« eine Familie top organisieren muss und ein vorzeigbares Haus haben sollte. Im Prinzip liegt es Ihnen im Blut, den familiären Alltag gelassen zu erleben. Machen Sie Ihr Ding – ohne schlechtes Gewissen.

Hanny Herzlich

Sie haben überwiegend ★:
Sie zählen von Ihren Talenten her eher zu den kreativen Chaoten, Tendenz zum *Unterstützer*. Sie sind sehr herzlich und einfühlsam. Sie fühlen schnell, wenn es anderen Menschen nicht gut geht, und unterstützen dann, wo Sie nur können. Harmonie und eine gute Beziehung zu anderen ist Ihnen wichtig. Sie sind eher emotional und handeln nach Ihrem Bauchgefühl.

Online-Tipp: PDF-Workbook

Eine ausführliche Version des Selbsttests »Chaot oder Systematiker« finden Sie gratis unter www.Kreative-Chaoten.com.
Dort sind auch weitere Checks und ein pdf-Workbook hinterlegt.

Welches Ergebnis hatten Sie in Teil Eins des Selbsttests?

Waren Sie sehr gestresst? Vielleicht geben Sie derzeit mehr an Einsatz und Energie für andere, als Ihnen guttut. Da für Sie das Wohlbefinden der anderen noch vor Ihren eigenen Bedürfnissen steht (kennen Sie die überhaupt?), gehen Sie vermutlich viel zu häufig über die eigenen Grenzen – und das laugt aus. Da Sie fast nie eine Bitte abschlagen, stemmen Sie neben Ihren beruflichen und familiären Pflichten zusätzlich noch ehrenamtliche Dienste.

Tipp für den Familien-Coach:

Gerade mit Ihrer Empathie und Hilfsbereitschaft dürfen Sie lernen, die eigenen Bedürfnisse zu erkennen und auszusprechen (S. 63). Lernen Sie Grenzen zu setzen und Nein zu sagen (ab S. 81). Binden Sie mit den Praxistipps ab S. 99 auch die Familienmitglieder in die häuslichen Pflichten mit ein und tanken Sie in »My-Times« mit schönen Vorhaben wieder auf (S. 47).

Mischtypen

Sie haben keine eindeutige Mehrheit bei einer Typenbeschreibung? In der Regel sind wir alle mehr oder weniger Mischtypen. Suchen Sie deshalb bei den Beschreibungen die Tipps und Strategien heraus, die Ihrer Meinung nach am besten zu Ihnen passen. Legen Sie Ihr eigenes Vorgehen fest. Holen Sie sich gegebenenfalls Unterstützung.

Stress oder zu viel Leben, zu wenig Zeit

Rückenschmerzen, Schlafprobleme, Erschöpfungszustände, Burn-Out: In den letzten Jahren registrierten die Krankenkassen einen rapiden Zuwachs an Patienten mit diesen Beschwerden. Betroffen sind davon Unternehmer, Manager, Angestellte, Arbeiter, manchmal Kinder und auch viele, viele Eltern.

Stressoren kommen in vielen Formen

Selbst wenn Sie in der Elternzeit nicht arbeiten und »eigentlich« genügend Zeit für Erholung hätten, – die Faktoren, die uns besonders in den eigenen vier Wänden den Schlaf rauben, die Nerven strapazieren und an die Substanz gehen können, sind vielfältig. Machen Sie sich deshalb die Ursachen für angespannte Situationen und schlaflose Nächte klar, um Veränderungen angehen zu können.

Herzblut-Aufgabe erzeugt Herzrasen

Der Londoner Herzspezialist Mike Scott wies in einer Studie nach, dass Kinderbetreuung und Haushalt stressiger sind als ein Fulltime-Job. 24 Stunden lang zeichnete der Mediziner die Herzfrequenz von Müttern und kinderlosen Berufstätigen auf und ermittelte die Stressbelastung.

Sein Ergebnis: Während kinderlose berufstätige Frauen einen Puls von 80 hatten, lag die Herzfrequenz der Mütter bei über 100.

Der konstant hohe Puls, so erklärte der Wissenschaftler 2003 in der Zeitschrift »Für Sie«, werde dadurch hervorgerufen, dass Mütter rund um die Uhr im Einsatz sind, nach »Feierabend« weitere Pflichten im Haushalt erfüllten und selbst nachts nicht richtig entspannen können. Ihr Körper – besonders so lange die Kinder klein sind – sei immer in Alarmbereitschaft. Und Schlafmangel hinterlässt seine Spuren.

Höheres Tempo, schnelle Veränderungen

Hinzu kommt, dass insgesamt der Stresspegel in unserer Gesellschaft ständig steigt. Permanente Veränderungen kosten Zeit und Energie: Um das berufliche Fortkommen und den Arbeitsplatz zu sichern, müssen wir uns immerzu weiterbilden und dorthin ziehen, wo es Arbeit gibt.

Mobilität bedeutet auch, dass unser Freundeskreis häufiger wechselt und unser Privatleben nicht mehr in denselben ruhigen Bahnen verläuft wie das unserer Vorfahren. Während noch die eigenen Eltern geradlinig von Lebensstation zu Lebensstation pilgerten (Kindheit, Schule, Ausbildung, Heirat, das eigene Häuschen, Kinder, Ruhestand) muss die Generation der Job-Nomaden flexibel und offen für Neues sein.

Das Lebenstempo hat angezogen. Computer, E-Mail und Smart-Phones geben der Lebenstakt vor und halten uns auf Trab. Sie stülpen uns eine permanente Erreichbarkeit auf und ziehen uns in den Sog der Nonstop-Gesellschaft, die ihre Zeit optimal nutzen will. Facebook, Twitter & Co. gaukeln uns enge Freundschaften vor, die gepflegt werden wollen – und schnell erweist sich das »kurze Posting« als Lebensenergie verschlingende Zeitfalle.

Mehr Stress im persönlichen Alltag

Es fällt schwer, die Hochgeschwindigkeitsgesellschaft vor der eigenen Haustüre zu stoppen. Viele Menschen wollen in der Freizeit so viel wie möglich »mitnehmen« – zum einen als Ausgleich für die Plackerei und den Druck im Beruf, – zum anderen, weil die Fülle an Freizeitangeboten so verlockend ist und wir – und unsere Kinder – alles zumindest ausprobieren wollen. Die Folge: Der Wunsch aktiv, gefragt und gefordert zu sein, artet in Freizeitstress aus und führt dazu, dass wir immer mehr von

Verpflichtungen und Terminen gelebt werden. Am Abend sinken wir dann erschöpft auf die Couch und fragen uns: »Wo ist denn nur die Zeit geblieben?«
Besonders Eltern haben oft das Gefühl, dass ihnen zu Hause alles über den Kopf wächst. Die Stunden rinnen ihnen durch die Finger – größtenteils fremdbestimmt von den Wünschen und Aktivitäten der anderen Familienmitglieder. **Je mehr sie in der täglichen Routine gefangen sind, desto machtloser stehen sie den eintönigen Pflichten gegenüber und desto weniger Lust und Motivation verspüren sie, die nötigen Aufgaben zu erledigen.** Wenn es Ihnen häufig oder immer wieder ebenso ergeht, sind Sie in guter Gesellschaft. Trösten Sie sich damit: Auch andere Eltern erleben Tag für Tag, dass ein Alltag mit Kindern wie eine Silvester-Bonbonniere ist, die uns gelegentlich um die Ohren fliegt.
Das soll jetzt allerdings kein Killer-Argument sein, dass Sie heroisch alle Plagen und Sorgen hinnehmen und wie der griechische Gott Atlas die ganze Last der Welt auf Ihren Schultern stemmen müssen. Nein, manchmal kann es entlastend wirken, wenn wir merken, dass wir mit den täglichen Tücken nicht alleine sind.

Dem Stress Paroli bieten – als Familien-Coach

Viel wichtiger ist es jedoch, dass Sie sich klarmachen, dass Sie als Chefin oder Chef des Unternehmens Familie jeden Tag ein Stück weit beeinflussen können, wie turbulent, stressig, entspannt oder fröhlich es bei Ihnen zugeht. **Agieren Sie deshalb Ihrem Team gegenüber – Partner, Kinder – wie die Führungskraft eines Unternehmens: pragmatisch und umsichtig.** Weltweit hat sich hierbei ein Führungsstil durchgesetzt, in dem die Führungskräfte als Coach die

Die Aufgabe eines Coachs

Der Begriff **Coaching** stammt vom englischen ›to coach‹ und bedeutet »betreuen, trainieren«. Ein Coach unterstützt andere Menschen darin, sich zu entwickeln, Veränderungen zu meistern und Dinge umzusetzen. Dabei übernimmt der Coach nicht die Arbeit des Klienten, sondern führt und motiviert durch gezielte Fragen und Übungen. Coaching ist »Hilfe zur Selbsthilfe«. – In der Wirtschaft und der Führungskräfteentwicklung ist Coaching heute eine etablierte Methode der persönlichen Entwicklung. Immer mehr Berufstätige, Wiedereinsteigerinnen und Selbstständige erreichen ihre Ziele schneller und besser mit einem Coach.

Belange und Geschicke von Mitarbeitern und Unternehmen leiten. Ernennen Sie sich zum Familien-Coach. Schauen Sie wie ein neutraler Dritter auf Ihren Familienalltag. Hinterfragen Sie, wo Sie in Ihren Tagesabläufen, Ihren Verpflichtungen oder im Miteinander besser werden können. Besser im Sinne von: Sie beseitigen Reibungsverluste, unnötige Handgriffe oder Zeitfresser und bringen so mehr Gelassenheit in Ihren Alltag. Machen Sie sich klar: Es geht hier nicht darum, dass Sie sich ein perfektes Familienleben mit getaktetem Stundenplan, effizienter Kinder- und Haushaltsorganisation und ein perfekt gestyltes Haus schaffen.

Nein, es geht darum, dass Sie eine Atmosphäre schaffen, in der Sie und Ihre Lieben sich erholen, entspannen und auftanken können.

SIE setzen die Maßstäbe

Machen Sie sich frei von allen Regeln, wie »man« eine Familie managen sollte. Finden Sie Ihren ganz persönlichen Stil.

● Es gibt junge Eltern, die liebend gerne all die eigenen Bedürfnisse zurückstellen, um Tag und Nacht für die »Kleinen« da zu sein. Sie sind erfüllt von der gemeinsamen Zeit, erwarten keinen Dank, sondern lieben ihre Vollzeit-Eltern-Rolle über alles.

● Es gibt Familien, die auf penibler Ordnung bestehen und deren Häusern keiner ansieht, dass Kinder darin wohnen.

● Es gibt Eltern, die größeren Wert auf die eigene Freiheit legen und nicht das Bedürfnis verspüren, rund um die Uhr für die Kids da zu sein. Sie organisieren sehr schnell Betreuungsmöglichkeiten und erleben die wenige gemeinsame Zeit als erfüllend und schön.

● Es gibt Familien, da geht scheinbar alles drunter und drüber, aber alle entwickeln sich prima und haben viel Spaß miteinander. Und das stärkt wiederum die Zusammengehörigkeit.

● Es gibt Familien mit Doppelverdienern, die alles perfekt organisieren und bei denen alle Aktivitäten wie am Schnürchen laufen. Und auch Ihre Familie setzt ihre ganz eigenen Maßstäbe.

Alle Modelle – und sämtliche Zwischenstufen – sind möglich. Klinken wir uns also gar nicht erst in die unnötige Diskussion über »Rabenmütter« (neuerdings sogar über »Rabenväter«!) und »Hausmütterchen« ein. Was für eine Zeitverschwendung!

Den Überraschungsmoment leben

Halten Sie sich immer wieder die wohl wichtigste Erkenntnis in diesem Zusammenhang vor Augen: Ein Alltag mit Kindern ist nicht exakt planbar – auch wenn kinderlose Pärchen oder ältere Mitmenschen dies nicht glauben. Denn im Unternehmen »Familie« herrschen Bedingungen, die jegliche Planung zum Scheitern bringen. Das Leben ist unberechenbar und laut.

Und es erfordert ständiges Jonglieren mit den Gegebenheiten. Schon morgens streiten die Kinder und trödeln, obwohl Sie eilig aus dem Haus müssen. Die kleine Tochter macht, als sie endlich abfahrbereit im Schneeanzug steckt, in die Windel. Während Sie sie wickeln, bastelt der Sohn ein wenig und bohrt sich dabei die Schere in die Hand – statt in den Kindergarten fahren Sie nun ins Krankenhaus.

Wenn Eltern selbst am »Stillen Örtchen« ihren einjährigen Zwerg auf dem Schoß haben (weil das immer noch besser ist, als von einem schreienden Wüterich vor der Toilettentüre zum Schnell-Pieseln angetrieben zu werden), erkennen Sie das Ausmaß dessen, was es heißt, eine Familie zu haben. Und auch mit älteren Kindern gleicht das Leben oftmals einem Hindernislauf. Da sitzen Sie nachts im Wohnzimmer neben dem Berg an Bügelwäsche und basteln ein Poster zum Thema »Arabischer Frühling«, nur weil der Filius vergessen hat,

Beispiel: Willkommen im echten Leben

Marita soll drei Tage nach Düsseldorf auf eine Schulung. Bereits Tage vorher hat sie abgesprochen, wer wann Sohn Luis von der Kita abholt und wer sich wann um Baby Elena kümmert. Jede Stunde von Sonntagabend (ihrer Abreise) bis Mittwochabend (ihre Rückkehr) hat sie mit ihrem Mann, mit Schwiegermutter, Tagesmutter, Müttern von Freunden ihrer Kinder geregelt, so dass die Betreuung perfekt scheint. Montagmorgen erhält sie eine SMS ins Hotel: Elena hat seit heute Nacht Fieber, die Kita ist wegen Schweinegrippe geschlossen, die Schwiegermutter ist gestürzt und auf dem Weg in die Klinik.

Willkommen im echten Leben!

Mein Adlerflug

Notieren Sie Ihre Eindrücke aus der Vogelperspektive in einem schönen Büchlein, damit Ihre Visionen und Vorstellungen nicht verloren gehen. (Oder benutzen Sie Ihr persönliches PDF-Booklet unter www.Kreative-Chaoten.com.)

dass er das morgen für den Sozialkundeunterricht braucht. Und statt endlich an einem sonnigen Nachmittag Ihren Gemüsegarten anzulegen, chauffieren Sie die Tochter zum Judo, weil ihr Fahrrad platt ist. Genial, wenn dann eine gutmeinende Freundin, Schwiegermutter oder Nachbarin sagt: »Da musst Du Dich halt besser organisieren!«

Nehmen Sie die Dinge in die Hand

Lösen Sie sich von allen Anforderungen anderer Menschen in Ihrem Umfeld. Es ist Ihre Kernfamilie, um die es geht, und Sie als Eltern dürfen die Weichen stellen. Sie entscheiden, was für Sie und Ihre Familie gut ist. Sie achten darauf, dass auch Ihre Bedürfnisse erfüllt werden. Sie achten für ausreichend Erholungszeiten und tanken Energie. Sie entscheiden, was für Sie »Stress« bedeutet und rücken Ihren persönlichen Zeitdieben und Zeitfressern zu Leibe.

Klarheit aus der Vogelperspektive

Bevor Sie Arbeitsabläufe, eingespielte Routinen, die Ordnung in Ihren Sachen oder die Aufgabenverteilung in Ihrer Familie vorschnell über den Haufen werfen, lohnt es sich, in die Lüfte zu steigen und wie ein Adler auf Ihr tägliches Tun zu blicken.

Mit Abstand von oben

- erkennen wir leichter, wo unsere echten Stressoren, Zeitdiebe und Zeitfresser lauern,
- können wir die Dinge nüchterner und pragmatischer betrachten und finden leichter Lösungen,
- sehen wir auf Anhieb, wo es sich lohnt, etwas zu verändern,
- erkennen wir, wo es schon super rund läuft und wo wir uns entspannen können.

Adlerflug 1: Warum will ich überhaupt etwas ändern?

Worin besteht Ihr Gewinn, wenn Sie künftig als Familien-Coach mit einigen Aufgaben schneller fertig sind, Ihr Haushalt besser organisiert ist oder Sie sich auf anderen Wegen Freiräume für wichtige Aktivitäten oder Menschen schaffen? Was haben Sie davon, wenn sich bei Ihnen in nächster Zeit Dinge verändern? Machen Sie sich im 1. Adlerflug Ihren Nutzen als Familien-Coach klar. Denn wenn Sie keinen Gewinn aus einer Veränderung ziehen – dann werden Sie sie auch gar nicht erst anpacken.

Den Wert der eigenen Zeit erkennen

Denken Sie dabei auch daran, wie wertvoll jede gelebte Stunde und Minute ist, und dass Zeit, die Sie für unnötige Arbeiten »verschwenden,« für immer weg ist.

Mit einigen Frauen passiert nach der Geburt eines Kindes etwas Sonderbares, besonders wenn sie die Berufstätigkeit eine Zeit lang aufgeben. Angewiesen auf das Einkommen des Partners verlieren sie das Bewusstsein für den Wert der eigenen Zeit.

Da fahren Mütter, wie die 32-jährige Kerstin, auf Schnäppchenjagd – für ein Paar Kinderhausschuhe bei Aldi locker 125 Kilometer! – und sagen: »Ach, ich habe ja jetzt Zeit, und meine Zeit kostet nichts.« Warum sollte die Zeit hauptberuflicher Mütter plötzlich keinen Wert mehr haben?

Jeder Mensch ist wertvoll. Und jede Lebensminute hat ihren Preis. Haben Sie mal darüber nachgedacht, was Ihnen eine Stunde Ihrer persönlichen Lebenszeit wert ist? 20 Euro, 100 Euro, unbezahlbar?

Mein »Stundensatz«

Legen Sie einen Wert fest – nur für sich, darüber müssen Sie mit niemandem sprechen. Dann können Sie sehr schnell in Ihrem Alltag ausrechnen, welchen Betrag ein Zeitdieb klaut oder eine Zeitfalle schluckt. Bedenken Sie diesen Stundensatz, wenn Sie künftig auf der Suche nach Schnäppchen sind, aber auch wenn Sie Termine wahrnehmen, die Ihnen keinen Spaß machen. Wie viel Lebensgeld kostet Sie ein langweiliger Vereinsabend?

Wenn Sie berufstätig sind oder Elterngeld erhalten, können Sie als Minimum-Wert Ihren »Stundenlohn« auch für Hausarbeit und sonstige Aktivitäten ansetzen. Wenn Sie sich Vollzeit um die Familie kümmern und kein eigenes Einkommen oder Elterngeld haben, dann rechnen Sie die Hälfte des Einkommens Ihres »Außendienstlers« – des Partners, der im Familienunternehmen Umsatz macht und das Firmenkonto füllt. Mit Ihrem Firmengeld zahlen Sie für sich Miete oder Hypothek, sind Sie krankenversichert, kaufen Sie Essen, Kleidung, fahren in den Urlaub und so weiter. Mit Sicherheit aber wird Ihnen eine Stunde Ihres Lebens mehr als das wert sein, oder?

Tipp: Was ist mir mein Leben wert?

Wie viel ist eine Stunde meines Lebens wert? Nehmen Sie sich ein paar Minuten Zeit und denken Sie über Ihren persönlichen Gewinn nach, wenn Sie an Ihrem Tageslauf etwas ändern.

Check: Veränderungen – warum und wozu?

- In welchem Bereich Ihres Lebens wünschen Sie sich in den kommenden Tagen und Wochen eine Veränderung? Aus welchem Grund?
- Stellen Sie sich vor, zu Ihnen kommt eine gute Fee und sagt: »Du darfst Dir von mir etwas wünschen!«
- Was wollen Sie gern mit welchen Menschen öfter tun? Wie viel öfter?
- Was möchten Sie weniger häufig tun? Wie viel weniger?
- Falls Sie sich mehr Zeit gewünscht haben: Was machen Sie mit der »geschenkten Zeit«?
- Wenn Sie die »geschenkten« Aktivitäten, Menschen, Freiräume oder die Zeit in Ihrem Sinne nutzen, welche Veränderungen passieren dadurch in Ihrer Umgebung, Ihrem Leben, in Ihrer Familie?
- Wer könnte die gewonnenen Freiräume gleich wieder für sich beanspruchen und wie könnten Sie sich dagegen wappnen?
- Wer könnte Sie in der Umsetzung Ihrer Wünsche ausbremsen? Und wie können Sie hier frühzeitig gegensteuern?
- Wer könnte Sie in der Umsetzung unterstützen?

Erholung first!
Ihnen fällt diese Übung sehr schwer? Weil Sie sich momentan einfach nur nach mehr Ruhe sehnen und danach endlich mal wieder durch- und ausschlafen zu können? Möglicherweise haben Sie im Selbsttest dieses Buches gemerkt, dass Ihr Stresspegel derzeit sehr hoch ist und Sie einfach »am Limit« sind? Ein Zwischenstopp ist angesagt. Holen Sie sich jetzt schnelle Hilfe mit den Sofort-Tipps für erholsame Kurze Pausen (S. 67)

oder finden Sie Ihre persönlichen Kraftquellen (vgl. S. 63–65). Erst wenn diese Grundbedürfnisse bei Ihnen gestillt sind, dann können Sie die Weichen stellen, um Ihren Familienalltag insgesamt ausgewogener zu gestalten.

Der Grund: Veränderungen kosten mehr Energie als es braucht, um den Status Quo zu erhalten. Gehirnscans belegen es eindrücklich: Wenn wir Veränderungen durchführen oder mit Neuem konfrontiert sind, dann wird in unseren Köpfen ein neuronales Feuerwerk gezündet – und das kostet Energie. Fehlt uns diese Energie, weil wir müde oder hungrig sind, so verharren wir lieber in der bestehenden Situation – auch wenn diese für uns negativ ist. Sorgen Sie also zunächst für ausreichend Erholung und denken Sie dann über weitere Veränderungen nach.

Die Flugroute neu festlegen

Sie fühlen sich »ausgeschlafen« und hatten dennoch Ihre Schwierigkeiten mit dem Check auf S. 26? Weil Sie gar nicht wirklich wissen, was Sie mit der »geschenkten« Zeit anfangen sollen – außer die Wohnung neu zu dekorieren oder Kuchen zu backen und das scheint Ihnen nun wirklich kein echtes Ziel zu sein? Dann kann es sein, dass Ihnen derzeit ein wenig die beflügelnde Grundausrichtung in Ihrem Leben neben der Familie fehlt. Machen Sie in diesem Fall bitte die Übungen ab S. 63 und entdecken Sie Ihre neuen Leitsterne.

> *Eines der Symptome eines sich ankündigenden Nervenzusammenbruchs ist die Empfindung, dass die eigene Arbeit etwas ganz schrecklich Wichtiges sei.*
>
> Bertrand Russell

Adlerflug 2: Stressquellen entlarven

Wann empfinden Sie Stress? Orientieren Sie sich nur an Ihrem eigenen Gefühl. Ab welchem Zeitpunkt verlieren Sie die Geduld, wo wird es in Ihrem Alltag eng?

Bevor Sie daran gehen, mit bewährten Tipps Freiräume von bis zu mehreren Stunden pro Tag zu schaffen, investieren Sie einige Minuten: Finden Sie heraus, wo Ihre Zeit überhaupt hinfließt und welche Momente Sie als vergeudet empfinden. Sie werden schnell erkennen, dass oftmals banale Kleinigkeiten Ihre Zeit »fressen« und dass Sie, wenn Sie diese in Ihrem Alltag ändern, schon den größten Nutzen erwirken. Allein schon, wenn Sie bewusster mit Ihrer Zeit umgehen, werden Sie den täglichen Stress entzerren. Gewinnen Sie mehr Klarheit und beobachten Sie Ihren Alltag eine Woche lang aus der Vogelperspektive. Halten Sie in Stichpunkten fest, welche Aufgaben Sie täglich stemmen und wie viel Zeit Sie dafür benötigen. Halten Sie auch Störungen und Ihre Gefühle bei der jeweiligen Arbeit fest. Wählen Sie für »Ihre« Woche eine normale Alltagswoche, in der die Rahmenbedingungen und Arbeitszeiten (Partner/-in arbeitet, Kinder sind im Kindergarten oder in der Schule) normal sind. Auf dieser Grundlage können Sie anschließend *gezielt* anpacken.

Was bringt ein Adlerflug?

Sie sehen,

- wie viel Sie tatsächlich leisten,
- wie viel Zeit Sie für Aufgaben brauchen bzw. »verplempern«,
- dass Aufgaben so lange dauern, wie Sie Zeit dafür erübrigen,
- welche Störungen (häufig) auftreten und wie sie Ihre Arbeitszeiten beeinflussen,
- bei welchen Tätigkeiten andere Menschen Sie von der Arbeit abhalten oder wann am Tage Ihre inneren Widersacher zuschlagen und wie viel Zeit Sie das kostet,

- welche Aufgaben überhaupt völlig überflüssig sind,
- welchen Sinn einige Arbeiten erstaunlicherweise machen,
- dass es viel zu lachen gibt über den alltäglichen Wahnsinn,
- dass allein die Tatsache, dass Sie sich und Ihren Alltag kritisch beobachten, bereits eine Veränderung zum Guten mit sich bringt,
- wie viel Zeitaufwand Sie aufbringen für die Familie.

Zeitaufwand für freiwillige Verpflichtungen

Tätigkeit	Zeitaufwand	☺	☹	☺☺
Eigene Körperpflege				
Lesen				
Telefonieren				
Elternarbeit Schule/KiGa				
Ehrenämter				
Zeit mit dem Partner allein				
Zeit mit Freunden				
Weiterbildungskurse				
Sport				
Nachtschlaf				
Tagesschlaf				
Summe der verplanten Zeit:				

Zeitaufwand für familiäre Pflichten

Tätigkeit	Zeitaufwand	☺	☹	☺☺
Aktivitäten mit den Kindern				
Badezimmer putzen				
Bügeln				
Einkaufen/div. Erledigungen				
Essen/Füttern				
Fußböden saugen/wischen				
Garten/Außenarbeiten				
Hausaufgabenhilfe/-kontrolle				
Hol- und Bringzeiten der Kinder				
Kinder ins Bett bringen				
Kinderpflege				
Kochen inklusive Vorbereitung				
Küche aufräumen				
Übrige Wohnung aufräumen, Betten machen etc.				
Wäsche waschen etc.				
Organisation Kinderbetreuung				
Pflege von Eltern o. ä.				
Familienausflug				
Reparaturen				
Beruf				
Wegezeiten Beruf				
Summe der verplanten Zeit:				

In 5 Schritten die eigenen Stressquellen und Zeitfresser finden

Schritt 1: Legen Sie auf einem DIN-A-4-Blatt vier Spalten an. (Oder benutzen Sie die Vorlage aus dem pdf-Workbook.) Fügen Sie links die Uhrzeiten von null Uhr bis Mitternacht ein.

Schritt 2: Füllen Sie im Verlauf eines Tages aus, was Sie jeweils tun. Notieren Sie, ob Sie zufrieden, enttäuscht, wütend usw. sind. Das Ausfüllen der Tabelle kann im Viertelstundentakt geschehen, oder – wenn Sie zwei Stunden Fenster geputzt haben – in längeren Einheiten. Achten Sie besonders darauf, wer Sie aus der Arbeit reißt, oder womit Sie viel Zeit vergeuden (z. B. der Putzlappen fuselt dauernd und Sie wischen x-mal die Scheibe ab …) und wie Sie sich fühlen.

Schritt 3: Werten Sie am Ende der Woche Ihre Notizen aus und achten Sie besonders auf die Spalten 2 und 3: Wenn hier immer wieder die gleichen Zeitdiebe und Zeitfresser auftauchen und Sie sich bei gewissen Tätigkeiten zunehmend müde oder genervt fühlen, dann lohnt es sich, an diesen »Baustellen« relativ schnell für eine Veränderung zu sorgen.

Schritt 4: Zählen Sie den Zeitaufwand für bestimmte Aufgaben-Kategorien zusammen (Kochen, Küche aufräumen, Einkaufen … Kinder herumfahren….) und bewerten Sie anschließend, wie Sie diesen Zeitaufwand empfinden (siehe Vorlagen S. 29 und S. 30). Werten Sie mit einem lachenden Smiley, wenn der Zeitaufwand für Sie super-o. k. ist. Wenn etwas kürzer gedauert hat als geplant, vergeben Sie zwei Smileys. Werten Sie mit einem neutralen Smiley, wenn der Zeitaufwand annehmbar ist und mit einem weinenden »Heuly«, wenn der Zeitaufwand einfach zu hoch ist. Wichtig: Gehen Sie dabei nach den eigenen Gefühlen. Wenn Hund Gassi führen einen Heuly bekommt, dann, weil es für

Sie so ist. Die Smileys führen Ihnen Ihre Sicht der Dinge klar vor Augen! Hilfreich kann auch ein Blick auf den Zeitaufwand in anderen Familien sein (vgl. Kasten »Zeitbudgets«).

Schritt 5: Suchen Sie sich zunächst eine einzige »Baustelle« aus, an der Sie so schnell wie möglich etwas verändern wollen, weil hier der Zeitaufwand einfach zu hoch oder Ihr Frust-Potenzial deutlich erreicht ist. Tun Sie innerhalb von 72 Stunden den ersten Schritt.

Aus der Motivationsforschung wissen wir, dass wir Dinge, die wir nicht innerhalb von drei Tagen anpacken, vermutlich nie mehr

Beispiele: Zeitbudgets

Laut amtlicher Statistik verbringen die Deutschen täglich …

494 Minuten mit Schlafen (alle Personen ab 10 Jahren),

340 mit Arbeiten, Lernen (Vollzeiterwerbstätige, Montag bis Sonntag),

156 mit unbezahlter Arbeit (Haushalt, Ehrenamt),

116 mit Unterhaltung, Kontakten, Veranstaltungen,

113 mit Fernsehen/Video,

105 mit Essen,

90 unterwegs (zu Fuß, Rad, Auto, öffentliche Verkehrsmittel),

68 mit Körperpflege,

37 mit Lesen,

36 mit Putzen und Aufräumen,

21 mit Kinderbetreuung (Frauen; Männer: 9 Minuten),

8 mit Helfen,

7 im Ehrenamt,

6 mit Lachen (Vor 40 Jahren: 18 Minuten).

Mindmaps – Variante für Kreative

Vordrucke engen Sie ein? Dann machen Sie Ihre Tagesprotokolle in Form einer Mindmap: Schreiben Sie in die Mitte eines Blattes den Tag und lassen Sie dann die einzelnen Aufgaben, die Sie gerade erledigen, wie Sonnenstrahlen um die Tagesangabe herum abstrahlen. Die Dauer, Störungen und Ihre Gefühle können Sie in einer anderen Farbe abzweigend notieren. Oder schreiben Sie ein Tagebuch mit Ihren Erlebnissen, garniert mit den Uhrzeiten und kleinen Zeichnungen. Lassen Sie Ihrer Kreativität freien Lauf.

anpacken. Tun Sie aber innerhalb von 72 Stunden einen ersten kleinen Schritt, dann steigt die Wahrscheinlichkeit, dass Sie es auch wirklich durchziehen. Das Gleiche gilt für Ihre persönlichen Ziele.

Adlerflug – die Startrampe für Veränderungen

Sie haben keine Zeit für diesen Adlerflug? Versuchen Sie es dennoch, es lohnt sich. Der Grund ist so einfach wie naheliegend. Solange Sie nicht wissen, wie es um Ihren Alltag steht, können Sie zu Veränderungen nicht ansetzen.

Wenn Sie jedoch erst einmal Ihre Aktivitäten, und vor allem die Zeitfresser, schwarz auf weiß sehen, können Sie Ihre Zeitfresser an der Wurzel packen.

So wie Conny, 38, alleinerziehende Pharma-Referentin. Sie stellte mit dem Adlerflug fest, dass sie pro Woche fünf Stunden für die Wäsche braucht. Ursache: Sie und Kevin, 16, Julia, 14, und Levin, 11, warfen T-Shirts, Blusen und Duschhandtücher sowie die Sportgarnituren nach einmal Tragen in die Wäsche. Lösung: Jeder benutzt nicht verschwitzte und nicht verschmutzte Kleidung mehr als einmal, frische Duschhandtücher gibt es alle drei Tage.

Mit dem Adlerflug …

🔴 **erkennen Sie auf Anhieb, warum Sie bislang nie Zeit hatten.** Und Sie können sofort Maßnahmen ergreifen. »Es ist unglaublich, erst durch diesen Adlerflug sah ich, dass ich jeden Tag vier Stunden in Facebook daddelte. Jetzt habe ich mir ein Programm installiert, das nach 90 Minuten den Internet-Browser schließt« sagt Bärbel, 29, Apothekerin, Mutter von Sirus, 3, und Minga, 5.

🔴 **ändern Sie Ihre Einstellung zu Ihrem Alltag.** »Nach dem Adlerflug sah ich, dass ich ja total viel schaffe an einem Tag. Mein bisheriges Gefühl, ich kriege nichts auf die Reihe, hat mich getrogen«, freut sich Anke, 28, Hausfrau und Mutter von Leon, 3, und Kim, 1.

🔴 **ändern Sie den Stressfaktor bei bestimmten Tätigkeiten.** »Ich habe mich immer total geärgert, dass ich jeden Tag endlos lange die Wohnung aufräume. Nun habe ich gesehen, dass es nicht mehr als eine halbe Stunde pro Tag ist – und dass ich damit im Vergleich zu allen anderen Deutschen sogar noch wenig Zeit verbringe. Jetzt hadere ich nicht mehr, sondern mache einfach«, erzählt Sigrun, Team-Assistentin und Mutter von Ingo, 7, und Elisabeth, 9.

🔴 **können Sie Ihren eigenen Rhythmus (wieder-)finden.** Max, 37, Hausmann und Vater von Lena, 4, erkannte, dass er häufiger zu Aktivitäten getrieben wurde, als es ihm entspricht. »Der Adlerflug zeigte mir, dass ich zu viel in meine Tage packen wollte und keine Ruhezeiten mehr hatte. Jetzt achte ich mehr auf meinen eigenen Rhythmus und akzeptiere, dass ich nicht auf allen Hochzeiten tanzen kann.«

Momentaufnahme

Natürlich ist diese Ist-Analyse eine Momentaufnahme, die saisonale Arbeiten (Obst ernten und einkochen, Plätzchen backen, Fachtagungen) und andere unregelmäßig wiederkehrende Aufgaben (Vorhänge waschen, Weihnachtsgeschäft, Garten winterfest machen) nicht berücksichtigt. Das soll sie auch nicht. Dieser Schnappschuss Ihres Alltags zeichnet ein Bild Ihres Aufgaben-Dschungels und zeigt, wo Sie Ihren Tagesablauf noch optimieren können. Automatisch lernen Sie dabei künftig Zeit für Arbeiten zu reservieren, die aus dem Rahmen fallen. Im Laufe Ihrer Tagebuchwoche und bei der folgenden Auswertung erleben Sie sicherlich den einen oder anderen Aha-Effekt. Viele Situationen können Sie mit kleinen, sofort umsetzbaren Tipps verbessern, andere, indem Sie *grundlegend* etwas in Ihrer Familie verändern. Und auch das kann ganz einfach sein. Stellen Sie dabei Gewohntes ruhig in Frage. Nur weil etwas bislang so war, muss es nicht gut sein. Binden Sie dabei auch die Familie sowie Partner oder Partnerin mit

ein. Selbst kleine Kinder haben oft Sichtweisen, mit denen Sie Ihr »Problem« ganz schnell lösen können. Der Vorteil: Ist Ihre Familie in den Entscheidungsprozess eingebunden, wird sie Änderungen viel leichter akzeptieren und unterstützen.

Ehrlichkeit siegt

Seien Sie bei diesem Adlerflug unbedingt ehrlich zu sich selbst – das geht vielleicht besser, wenn kein anderes Familienmitglied Ihre Notizen sieht.

Und vielleicht entdecken Sie bei Ihren Schnappschüssen auch einige Zeitdiebe und Zeitfresser, die bei Ihnen selbst zu suchen sind: Die größten »kleinen« Biester stecken nämlich in uns selbst und äußern sich in Aktionen wie der berühmten »Aufschieberitis« oder dem Verzetteln und sorgen dafür, dass wir häufiger »Ja« sagen zu Aktionen, zu denen wir eigentlich viel lieber »Nein« sagen würden. Ab S. 81 kommen Sie diesen kleinen Monstern auf die Spur.

Die häufigsten Zeitfallen im privaten Alltag

Ihnen zerrinnt die Zeit zwischen den Fingern? Vielleicht sind Sie in eine der beliebtesten Zeitfallen getappt, die unbemerkt überall lauern.

Schlechtes-Handwerkszeug-Falle: Billiges und schlechtes Handwerkszeug (fusselige Fensterputzlappen, stumpfe Messer, schlechte Säge, Küchenmaschine mit zu geringer Wattleistung) kosten Zeit und Nerven. Kaufen Sie lieber wenige und dafür qualitativ hochwertige Utensilien, die Ihnen zuverlässig ihren Dienst leisten. Sie drücken mit gutem Handwerkszeug nicht nur Wertschätzung gegenüber Ihrer Arbeit und sich selbst aus, sondern alles gelingt leichter und macht mehr Spaß.

Marathon-Falle: Ein Marathon geht über 42,125 Kilometer und in einem Haushalt läuft mancher pro Woche kaum weniger. Je besser Ihr Reich von den Räumlichkeiten und der Einrichtung her angeordnet ist, desto mehr Wege und damit Zeit sparen Sie sich. Beobachten Sie sich kritisch: Wo laufen Sie viel zu oft hin und her? Welche Dinge könnten Sie mehrfach anschaffen und an mehreren Stellen deponieren? (z. B. Besen, Windeln, Schere, Tesa, Papier und Stifte, Handstaubsauger, Waschlappen).

Wo-hab-ich-nur-Falle: Im Schnitt suchen Menschen pro Tag eine Stunde nach Dingen oder Informationen. Wappnen Sie sich gegen die Wo-hab-ich-nur-Falle, indem Sie sich feste Gewohnheiten im Umgang mit Ihren Dingen antrainieren und für jeden Gegenstand einen eigenen Platz schaffen (Kapitel Ordnung halten und aufräumen S. 113).

Schnäppchen-Falle: Der Discounter hat heute Kindergummistiefel, das Möbelhaus feiert Wein-Wochen, die Holzfabrik hat Werksverkauf. Frühmorgens beginnen Sie Ihre Schnäppchentour und nach fünf Stunden kommen Sie abgekämpft nach Hause. Sie haben alles (und noch viel mehr) gekauft und bei den Schnäppchen insgesamt 8,37 Euro gegenüber den Geschäften am Ort gespart. Lohnt sich das? Rechnen Sie mal Ihren Zeitaufwand und Zusatzkosten (Benzin) gegen die mögliche Ersparnis. Unter Geld- und Zeitaspekten lohnen sich solche Schnäppchentouren in der Regel nämlich nicht.

Dreckspatz-Falle: Vereinfachen Sie Ihr Leben, indem Sie bewusster konsumieren. Technische Hilfsmittel wie Waschmaschine oder Spülmaschine verführen uns geradewegs dazu, großzügig Sachen zu »verbrauchen«. Da wird jedes Mal, wenn wir etwas trinken, ein frisches Glas genommen, zu jedem Duschen ein frisches Handtuch verwendet. Sie sollen jetzt natürlich nicht zum Dreckspatz werden. Aber wenn Sie weniger verbrauchen, brauchen Sie nicht so oft zu waschen, zu trocknen, zu falten, in die Schränke zu räumen. Lassen Sie für jedes kleinere Kind eine Drecksmontur (Schmuddelhose und alter Anorak) an der Garderobe hängen. Der meiste Sand lässt sich nach dem Trocknen abschütteln und ausklopfen.

FREIRAUM UND FREIZEIT: PUFFER, PAUSEN & PAROLI

Bringen Sie mit bewährten Zeitmanagement-Kniffen **Ruhe und Gelassenheit** in Ihre vier Wände

DIE ZEIT IST REIF! Nach Ihren ausführlichen Adlerflügen sehen Sie jetzt sicherlich deutlicher, wo Sie in Ihrem familiären Alltag etwas ändern wollen. Packen Sie es an. Die Chancen, dass sich Stress und Hektik in Ihrer Familie verabschieden zugunsten eines entspannten und fröhlichen Miteinanders, stehen gut.

Gehen Sie dabei in kleinen Schritten vor. Verlangen Sie nicht von sich selbst, dass Sie alle Tipps sofort in die Tat umsetzen müssen. Das sind unrealistische Anforderungen, die kein Mensch erfüllen kann. Greifen Sie zunächst ein bis zwei Anregungen auf. Erst, wenn diese in Ihrer Familie »laufen«, suchen Sie sich die nächsten Tipps.

Machen Sie sich immer wieder klar, als Familien-Coach bringen Sie die besten Voraussetzungen mit, um schnell und unbürokratisch etwas verändern zu können. Noch dazu, weil das Arbeitsfeld »Haushalt und Familie« viele Voraussetzungen dazu mitbringt. Der Psychologe Mihaly Csikszentmihalyi ermittelte in seinem Buch »Flow im Beruf« Kriterien für ein Glücksgefühl bei der Arbeit – zum Beispiel: Gute äußere Arbeits-bedingungen; flexible Arbeitszeiten; Sie entscheiden selbst, wie Sie Ihre Aufgaben erledigen; Ihre Tätigkeiten tragen Ihre eigene Handschrift und das Produkt Ihrer Arbeit ist nützlich. All das trifft auf unseren privaten Alltag zu – super, oder?

Ordnend zur Ruhe kommen

Als Familien-Coach haben Sie es in der Hand, sich Ihre Tage und Wochen einzuteilen und Freiräume für sich und Ihre Lieblingsbeschäftigung zu schaffen. Nutzen Sie die Kniffe, mit denen Manager ihren Alltag schöner und effektiver gestalten. Lösen Sie mit bewährten und neuen Methoden des Zeitmanagements die Fesseln aus Terminen, Pflichten und Fremdbestimmung.

Viele Wege führen zum Ziel

Wie Sie mit Ihrer Zeit und den Alltagsaufgaben umgehen, hat auch sehr viel damit zu tun, welcher Organisationstyp Sie sind. Aus der Gehirnforschung wissen wir heute, dass manche Menschen eher von den linkshemisphärischen Talenten gesteuert werden wie Fakten, Zahlen, Systematik, eins nach dem anderen erledigen, Ordnung und Traditionen, andere – beispielsweise Kinder – von den rechtshemisphärischen Talenten Ideenreichtum, neue Wege gehen, vieles ausprobieren, Empathie, Gefühle, Spontaneität. Im Selbsttest in Kapitel Eins haben Sie bereits Ihre persönlichen Talente ermittelt – erinnern Sie sich noch, ob Sie eher Dr. Annalyse Logisch, Ottmar Ordentlich, Hanny Herzlich oder Igor Ideenreich waren? Ihre bevorzugte »Denke« beeinflusst unmittelbar die Art und Weise, wie Sie Ihr Selbst- und Zeitmanagement im privaten – und natürlich auch im beruflichen – Alltag künftig optimieren können.

Mehr Infos mit einem Testangebot

Einen detaillierten Selbstcheck zu Ihren Talenten mit Sofortauswertung und konkreten Zeitmanagement-Tipps, die Sie sofort umsetzen können, finden Sie unter www.Kreative-Chaoten.com.

Kreativer Chaot oder Systematiker?

Haben Sie schon einmal versucht, mit Zeitmanagement-Tipps Ihre Tage und Wochen in den Griff zu bekommen? Vielleicht fühlten Sie sich »geknechtet«, weil Sie Tagespläne und To-Do-Listen erstellen sollten, an die Sie sich dann doch nicht gehalten haben. Sie haben Prioritäten gesetzt für »P-Aufgaben«, also unwichtige Dinge, die besser sofort in den Papierkorb gehören, – einfach weil es Spaß machte, mit dem neuen Terminplaner zu spielen oder der virtuelle Papierkorb im Handheld so nett »pling« machte. Und schuldbewusst haben Sie sich nach einigen Tagen für die »Spielerei« bestraft und Ihr Zeitplan-Instrument seither nicht mehr in die Hand genommen.

Tatsache ist, dass das traditionelle Zeitmanagement von systematisch denkenden Menschen entwickelt wurde und demnach wunderbar funktioniert bei ebenfalls systematischen Menschen, die eher von den Talenten der linken Gehirnhälfte geleitet werden. Sie setzen die klassischen Tipps »mit links« um und haben doppelten Nutzen: Sie gewinnen Zeit und haben auch noch Spaß dabei, weil Listen, Pläne und Prioritäten sie befriedigen. Rechtshirnige Denker sträuben sich jedoch gegen starre Vorgaben, Listen und Routinen. Ihre dominante rechte Hirnhälfte verlangt einen eher spielerischen und kreativen Ansatz ohne starres Schema. **In diesem Buch finden Sie deshalb Tipps, die beiden Typen gerecht werden: Sie lernen neben der klassischen auch eine ganzheitliche Variante kennen.** Viele Lösungen sind so aufbereitet, dass beide Informationsverarbeiter damit gut zum Ziel kommen.

Zusatznutzen: Wenn Sie den Alltag in Ihrer Familie besser organisieren wollen, können Sie den Stress erheblich mindern, indem Sie versuchen, die unterschiedlichen Denkweisen Ihrer Familienmitglieder zu verstehen und darauf Rücksicht zu nehmen. **Halten Sie sich vor Augen, dass besonders Kinder überwiegend ganzheitlich in Bildern denken** und sie deshalb z. B. wesentlich besser Ordnung halten können, wenn Sie ihnen die Arbeit mit Farben und Bildern erleichtern und Alltagsaufgaben spielerisch gestalten. Übrigens: Interessanterweise tun sich oft Partner mit unterschiedlichen Hirndominanzen zusammen. Und da kann die »Pedanterie« des einen und das »Chaos« des anderen Zündstoff liefern. Die Mischung der Tipps garantiert Ihnen, dass Sie sich nicht zu stark in eine bereits ausgeprägte Richtung weiterentwickeln. Ein linksdominierter Mensch, der sein Leben schon mit Listen und detaillierten Vorgaben regelt, verliert mit weiteren Listen eher Zeit, als dass er eine Atempause gewinnt. Andererseits leiden viele Chaoten unter dem Durcheinander in ihrem Leben. Sie verlieren Zeit, wenn sie sich nicht auf ein Minimum an

Struktur einlassen und verwechseln oftmals ihr permanentes Notfallprogramm mit Spontaneität.

Konzept mit dem Blick nach vorn

Gewinnen Sie täglich eine Menge Freiraum, indem Sie künftig für die kommenden Tage ein Konzept erstellen.

Ein Konzept ist ein Entwurf. Anders als bei einem Tagesplan, darf jederzeit etwas geändert werden. Lassen Sie sich nicht mehr »von dem, was auf Sie zukommt« überrollen, sondern setzen Sie Ihre Zeit bewusst ein. Keine Angst – das geht ganz schnell.

Konzipieren Sie bitte unbedingt schriftlich, das ist besser als ein Zeitplan, den Sie nur im Kopf haben. Nehmen Sie sich regelmäßig fünf bis maximal zehn Minuten Zeit, um die nächsten Tage zu überblicken. Auf den nächsten Seiten erhalten Sie das Handwerkszeug zur Umsetzung Ihrer Vorhaben.

Fünf Schritte zu mehr Überblick und Ruhe

Schritt 1: Tragen Sie zunächst in einen Kalender (am besten DIN-A-4-Kalender mit einer Seite pro Tag und Uhrzeiten-Skala) alle festen Termine (KIGA, Sport, Klavierstunde, Job) und deren Dauer ein, und zwar Ihre eigenen und die der anderen Familienmitglieder.

Schritt 2: Notieren Sie jeweils eventuell nötige Fahr- und Wegezeiten und planen Sie vor und nach den Terminen Puffer ein.

Schritt 3: Schon jetzt sehen Sie schwarz auf weiß, wie dicht ein Tag allein durch strukturelle Vorgaben und regelmäßige Termine ist. Haben Sie überhaupt noch Platz für weitere Vorhaben? Nein? Dann pressen Sie auch nichts mehr in Ihren Tag hinein – lassen Sie lieber freie Zeiten für Unvorhergesehenes. So haben Sie weniger Stress. **Je kleiner Ihre Kinder sind, desto mehr »Freizeiten« sollten Sie sich gönnen.** Denn gerade mit Zwergen geschieht vieles (völlig) unverhofft.

Schritt 4: Sichten Sie nun regelmäßig Ihre eigenen sporadischen Termine und die Aktivitäten aller Familienmitglieder.

- Besprechen Sie mit Ihrem Partner und den (älteren) Kindern beispielsweise zum Wochenauftakt, wer wen wann wohin fährt oder mit welchen anderen Eltern Ihre Kinder diese Woche zum Fußball oder Schwimmen kommen.
- Vereinbaren Sie, wer sich an welchem Abend ums Essen kümmert (Einkaufen, Kochen).
- Klären Sie, welche Besonderheiten anstehen: Wer muss in den kommenden Tagen früher als üblich weg, wer kommt später heim? Welche zusätzlichen Termine stehen an, wie Zahnarzt oder Friseur? Erwarten Sie Besuch?
- Ist für Schule oder Kindergarten etwas Außergewöhnliches geplant, wofür spezielle Kleidung oder ähnliches benötigt wird?
- Wer braucht noch was? Etwa Geld oder Fahrkarte? Neue Sportschuhe? Eine Telefonkarte?

Schritt 5: Agieren Sie vorausschauend und entzerren Sie. Damit können Sie täglich bis zu zwei Stunden Freiraum gewinnen. Sie fragen sich warum? Ganz einfach: **Wenn Sie Ihre Tage bereits vorab auf Papier ablaufen lassen, dann**

 erkennen Sie frühzeitig, ob das Pensum so überhaupt realistisch (!) zu schaffen ist,

● sehen Sie sofort, an welchen Tagen oder zu welchen Tageszeiten es eng wird,

● können Sie gleichartige Aufgaben verbinden (vgl. Blöcke bilden, S. 76) oder Wege verzahnen,

● steuern Sie Engpässen rechtzeitig gegen,

● verschieben Sie weniger wichtige Aufgaben,

● organisieren Sie Unterstützung,

● können Sie Aktivitäten oder Termine komplett streichen.

Alle Ereignisse, von denen Sie *vorher* wissen, können Sie nicht mehr überrollen. Und das reduziert automatisch Ihren Stress.

Zentrale Sammelstelle

Notieren Sie die Termine aller Familienmitglieder in einem **Familienplaner**, der an einer zentralen

Beispiel: Zeitplanung

Conny arbeitet freiberuflich im Vertrieb eines Pharmakonzerns. »Morgen schreibe ich alle 17 überfälligen Kunden-Berichte und mache telefonisch neue Kundentermine«, plant sie euphorisch. Dauer: pro Bericht 30 Minuten, Telefonate ca. 90 Minuten (wichtig!). Als sie ihren Tag strukturiert, zeigt sich: von fünf Stunden im Home-Office bleiben nach den Telefonaten 3,5 Stunden – also Zeit für maximal sieben Berichte. Ernüchtert reduziert sie ihr Tagesziel und notiert: 4 Berichte schreiben, 1,5 Std. für Kundenanrufe, weniger stören lassen!

Stelle in der Wohnung hängt oder liegt. Sobald jemand einen Termin weiß, trägt er ihn ein (oder meistens die Eltern nach dem abendlichen Gespräch). So sehen alle Familienmitglieder was ansteht und können sich darauf einstellen. Fertige Tagesübersichten mit vier oder fünf Spalten (für jedes Familienmitglied) gibt es in zahlreichen Designs oder auch zum Selbstgestalten in Schreibwarenläden. Je bunter und flexibler so ein Planer ist, desto besser passt er für Kreative und Kinder. Manche Familien haben deshalb eine Weißwand-Tafel als **Aktionswand** aufgehängt, die mit wasserfestem Stift ein Minimum an Struktur (Wochentage, feste Termine) verliehen bekommt. Alle Familienmitglieder notieren **fällige Aufgaben und Termine auf farbige Post-it-Zettel** und kleben diese auf die Aktionswand. Hat sich der Termin erledigt, kommt das Zettelchen ab ins Altpapier. Dieses flexible System macht die Tages- und Wochenplanung spielerisch und entspricht dem Bedürfnis der ganzheitlichen Denker, schnell etwas ändern zu können.

Vernetzte Lösungen?

Vernetzen Sie Ihre einzelnen Kalender über eine Schnittstelle im Web oder erleichtern Sie sich zumindest die Abstimmung über neue Termine, indem Sie sich gegenseitig die Termine als E-Mail schicken. **Probieren Sie aus, ob ein elektronischer Familienplaner tatsächlich eine echte Zeitersparnis ist.** Denn wenn Sie zu Hause nur selten am Rechner sitzen, dann ist der Gang zum PC und der Zeitaufwand fürs Hochfahren und Programm-Öffnen einfach zu hoch. Schnelleren Zugriff haben Sie auf iPads & Co, aber auch hier müssen Sie den e-Kalender erst öffnen und das kostet schon wieder Zeit. Handschriftlich festgehaltene Termine sind meist unschlagbar. Mit kleinen Kindern ist dies erst recht der Fall, denn Sie werden diese kaum an Ihren Rechner lassen.

Die Papierversion an zentraler Stelle ist für den Alltag mit kleinen Kindern für viele Eltern die beste, schnellste und pragmatischste Lösung. Die elektronische Variante mag sich zur Vernetzung mit Partnern, älteren Kindern sowie Betreuungspersonen oder auch für die Verknüpfung von Familienleben mit Home-Office besser eignen.

Weniger ist mehr

Egal ob Sie eher logisch und systematisch oder eher kreativ-chaotisch sind: Tragen Sie nur die wirklich wichtigen Termine ein. Zu viele Einträge lähmen Sie, ein Minimum an Überblick jedoch bewirkt,

dass Sie das richtige Timing haben und frühzeitig Krisen aufklären oder Missverständnisse vermeiden. Je mehr Übung Sie schließlich mit diesen Übersichten haben und je seltener sich feste Termine ändern, desto hilfreicher wird diese Familienübersicht für alle sein.

Mit der reisenden To-Do-Sammlung den Kopf entlasten

Bislang ging es in diesem Kapitel vor allem um Ihre Termine – jetzt schauen wir uns Ihre Aufgaben an. Denn warum bleibt immer am Ende des Tages noch so viel Arbeit

Praxis-Tipp: iCal für Outlook

Gehen Sie in Outlook auf die Kalenderansicht, markieren Sie den Termin, den Sie verschicken möchten, klicken Sie auf »Aktionen« und dann auf »als iCalender weiterleiten«. Ein E-Mail-Fenster springt auf, Sie geben die E-Mail-Adresse Ihres Partners ein und drücken auf senden. Ihr Partner klickt den Anhang an und zieht ihn auf seinen Kalender rüber. Fertig.

übrig? Viele von uns hetzen tagtäglich von Termin zu Termin, sodass für unsere eigentlichen Vorhaben kein Zeitfensterchen mehr bleibt. Aber Sie erinnern sich?
Es geht nicht darum, dass wir keine Zeit für unsere Aufgaben haben, sondern darum, dass wir uns diese Zeit nicht nehmen.
Denken Sie ab heute prinzipiell anders: Lassen Sie sich nicht mehr von Terminen den Alltag diktieren, sondern denken Sie konsequent von Ihren Vorhaben her und nehmen Sie nur Aufgaben in Ihre Tage hinein, die Ihnen wirklich wichtig sind. Mehr dazu ab S. 87.

Das nehm' ich mir vor!

Notieren Sie alle Vorhaben der nächsten Tage in einem Utensil, das Ihnen Spaß macht. Das kann ein buntes Büchlein oder eine Kladde sein, ein Word-Dokument oder auch (viele!) Extrablätter in einem Ringbuchkalender-System. Hier sammeln Sie ungeordnet und ohne Datum, wen Sie anrufen wollen, was Sie besorgen müssen, welche Ideen Sie gerade haben – als Aufzählung oder als Mindmap.
Wichtig: Schreiben Sie diese Aufgaben nicht in Ihren Terminkalender, sondern entkoppeln Sie den Kalender von dieser reisenden To-Do- Sammlung.
Der Grund: Sie müssen nicht permanent die unerledigten Dinge auf den nächsten Tag übertragen. Das frustriert. Können Sie aber auf der Extra-Wunschliste Häkchen setzen, stellt sich Zufriedenheit ein. Einzelne Zettel sind oft keine wirkliche Alternative, denn schnell ufert die »Zettel-Wirtschaft« aus.

Zeitinseln schaffen

Wichtig: Die Aktivitäten, die Sie hier sammeln, müssen Sie nicht unbedingt erledigen. Die reisende To-Do-Sammlung soll Ihnen helfen, nichts Wichtiges zu vergessen.
Bei der Tagesplanung suchen Sie die Vorhaben aus, die Ihnen momentan wichtig sind, und räumen

diesen in Ihrem Terminkalender Zeit ein. **Sichern Sie hier für die Vorhaben aus der reisenden To-Do-Sammlung Zeitinseln.** Dann können Sie diesen Zeitinseln nach Lust und Laune Vorhaben zuordnen. **Und Sie kommen endlich zu den Dingen, die Sie sich schon lange vorgenommen haben!** Das heißt, Sie schreiben tatsächlich in Ihren Kalender: » Fotos sortieren«. Erschrecken Sie nicht! In solche Zeitinseln tragen Sie nur Aufgaben ein, die Ihnen und Ihrer Familie wirklich wichtig sind, und für die Sie unbedingt in Ruhe die Zeit (und Gelassenheit) haben wollen. Auch wären zu viele Zeitinseln in Ihrem Kalender eher hinderlich, weil Ihre Tage und Wochen völlig verplant vor Ihnen liegen – und das erzeugt besonders bei den kreativen Chaoten Widerwillen.

Setzen Sie hingegen bewusst einige Zeitinseln für Wichtiges und Schönes, dann haben Sie bereits einige Ruhepole geschaffen. Diese Zeitinseln helfen Ihnen, wichtige Aktivitäten tatsächlich wahrzunehmen. Wenn Sie am Montagnachmittag partout keine Fotos sortieren, sondern lieber zum Schwimmen fahren wollen? Kein Problem! Dann verschieben Sie diese Aktivität auf eine Zeitinsel der nächsten Tage. **Der Unterschied zu früher: Verschieben ist ein aktiver, selbstbestimmter Akt, das Aufschieben-Müssen hingegen ist fremdbestimmt und stressig.**

Eule oder Lerche?

Achten Sie bei Ihrer Zeitinsel-Vergabe auch auf Ihren Biorhythmus: Sind Sie eher der Morgenmensch, dann legen Sie sich wichtige Aufgaben auf den Vormittag; sind Sie eher eine Nachteule, dann reservieren Sie hierfür eher die Abendstunden.

Wenn Sie Hausarbeit nicht gern terminieren wollen, dann beachten Sie bitte: Je weniger »Haushalts-Pflicht-Termine« Sie im Kalender eintragen, desto mehr »Freiraum« müssen Sie zwischen Ihren anderen

Aktivitäten lassen, damit zu Hause nicht alles liegen bleibt.

Bauen Sie unbedingt auch Spaß-termine ein und Momente der Erholung. Diese persönlichen Auszeiten liefern Ihnen die nötige Energie, Ihren Alltag leichter zu bewältigen, indem Sie voll und ganz abschalten, etwa mit dem Fünf-Minuten-Schlaf, mit einem Spaziergang im Park, mit einer Pause auf dem Balkon oder durch Musik.

Mindmap: Reisende To-Do-Sammlung

Flexible Kreativlösungen

Viele Menschen tun sich mit Listen und Plänen schwer. Die Überlegung, was zu tun ist, artet bei ihnen in ein Brainstorming aller möglicher Aktivitäten in Haushalt, Hobby, Familie und Beruf aus. Sie kritzeln ihre Ideen auf alles, was greifbar ist (alte Kuverts, Zeitungsrand, Bierdeckel). Leider gehen in der Zettelwirtschaft Ideen verloren, wenn sie nicht auffindbar geordnet werden.

Mit einem ganzheitlichen Hilfsmittel, nämlich einer Mindmap, können Sie sich das Konzipieren und Ideensammeln erleichtern. Ein großer Ast entspricht einer Aufgabenkategorie – markieren Sie ihn mit einem Symbol oder einer bestimmten Farbe – und die Zweige entsprechen je einer Aktivität. Vorteil: der »Aktivitäten-Baum« ist jederzeit leicht zu ergänzen und das entstandene Bild spricht alle Sinne an. Ein Beispiel finden Sie auf Seite 49 oder im PDF-Workbook.

Auch im Kalender können Sie mit Farbstiften, mit farbigen Post-it-Zetteln oder Klebepunkten für die verschiedenen Terminkategorien arbeiten. Textmarker können Ihre Einträge ansprechender und übersichtlicher gestalten. Das Gestalten bringt im wahrsten Sinne des Wortes mehr Farbe (= mehr Freude) in Ihre Planung und damit in Ihr Leben.

Checklisten nutzen

Manche Familien arbeiten nach dem Vorbild von Flugzeugpiloten sehr erfolgreich mit Checklisten. **Checklisten sind ein geniales Hilfsmittel, um Aufgaben komplett und zuverlässig von anderen ausführen zu lassen:**

- Sie unterteilen komplexe Aufgaben in überschaubare Einzel-Aktionen,
- Sie entlasten das Gehirn um das, was »noch alles zu tun ist«,
- Sie garantieren, dass man nichts vergisst,

- Sie gewährleisten, dass alle im Haushalt wissen, was genau wann zu tun ist,
- Sie motivieren vor allem Kinder zum »Abhaken«,
- Sie sparen Zeit, weil man nicht lange überlegt »was jetzt?«, sondern einfach die Aktionen abarbeitet. Bunt und witzig gestaltet bringen sie etwas Spielerisches in die Arbeit und machen sie somit leichter; wenn man ein Häkchen setzen kann, sieht man, dass man etwas geschafft hat. Und man kann es anderen stolz zeigen.

Mit Leitsternen Prioritäten setzen

Sie fragen sich jetzt, welche der zahlreichen Aufgaben als Hausfrau oder -mann, Mutter oder Vater und Familien-Coach Sie denn dann als Zeitinsel oder wichtige Aufgabe in Ihr Tageskonzept übernehmen sollen? Irgendwie scheint ja alles immer gleich wichtig!
Eine verständliche Sichtweise: Sie wollen Ihren Job als Familien-Coach ebenso gut meistern wie Ihre anderen Rollen als Ehepartner,

Tipp: Baby-Blues

Wenn Sie gerade ein Baby bekommen haben, dann ist Ihr Kind in den ersten Wochen Priorität Nummer Eins. Machen Sie sich keinen Stress, Ihren anderen Rollen gerecht werden zu wollen. Igeln Sie sich zu Hause ein – es heißt nicht umsonst sechs Wochen Wochen*bett*. Vergessen Sie Ihre eigenen Erwartungen, die Sie vor der Geburt an das neue Familienleben hatten, und die Erwartungen der anderen. Reduzieren Sie etwa Ihre Rolle als Gastgeberin in dieser Zeit. Lassen Sie den Besuch Essen oder Kuchen mitbringen und anschließend aufräumen helfen. Sie werden sehen, die meisten machen das gern.

Freund, Mitglied einer Gemeinde. Doch wer immer für alle da sein und alles perfekt machen möchte, gerät leicht in einen Strudel hinein, der einen in die Tiefe zieht. Greifen Sie nach dem Rettungsring, der Sie nach oben bringt. **Dieser Rettungsring ist die Frage: Was ist mir momentan wirklich wichtig?**

Machen Sie sich immer wieder klar: Es geht es nicht um das, was *anderen* Leuten wichtig ist, sondern um das, was *Ihnen* wichtig ist. Mögen die Nachbarn es wichtig finden, den Gartenzaun einmal im Monat mit Prilwasser und Bürste abzuschrubben, wie wichtig ist es für *Sie*? Nehmen Sie sich immer wieder mal ein paar Minuten, um zu erkennen, was das große leuchtende Ziel ist, an dem sich all Ihre Tätigkeiten ausrichten können. Stellen Sie sich vor, am Horizont strahlen ein paar wunderschöne Sterne und leuchten Ihnen einen hellen Korridor aus. Diese Leitsterne motivieren Sie, jeden Tag mit Freude Ihr Leben in die Hand zu nehmen. Haben wir

diese Leitsterne nicht, kommen wir ins Grübeln und lassen viele Chancen ungenutzt verstreichen.

Wie oft haben Sie schon einen Vormittag verplempert, weil Sie sich nicht aufraffen konnten? Zeit, in der Sie mit schlechtem Gewissen durch die Wohnung getigert sind, oder sich außer Haus »wichtige« Aufgaben gesucht haben, bloß um nicht anfangen zu müssen? Wenn Sie wissen, dass Sie am späten Vormittag etwas für sich tun, was Ihnen Erfüllung bringt, dann erledigen Sie Unangenehmes nebenbei. Zudem helfen funkelnde Leiststerne, dass Sie nicht mehr ständig mit sich hadern: »Was soll ich tun?« Oder: »Habe ich die richtige Entscheidung getroffen?«

Wenn Sie wissen, was Ihnen und Ihrer Familie im Leben wichtig ist, dann sorgen Sie automatisch dafür, dass der Kleinkram des Alltags nicht mehr Raum einnimmt als die Dinge, die Ihnen wirklich etwas bedeuten. Mit dem Leitstern vor Augen werden Sie zufriedener.

Beispiel: Leitstern Familienzeit

Lisa, 29, gab mit der Geburt ihrer Tochter Leonie ihre Tätigkeit als Social-Media-Beraterin in einer großen Agentur auf und stieg auch nach der Elternzeit bislang nicht wieder ein. »Ich genieße die Zeit mit Leonie, ohne mich ständig zu fragen: »Soll ich nicht lieber doch arbeiten?« Ich habe klar entschieden, die kommenden Jahre nur für meine Familie da zu sein – und diese Entscheidung hilft mir, auch wenn Leonie brüllt, nicht schlafen mag oder ich andere Frauen im Business-Dress zum Flughafen fahren sehe. Ich weiß: Ich will es so.«

Eine kleine Leitsternreise

Eine Leitsternreise können Sie für sich allein machen oder in der Gruppe Ihre persönlichen Visionen entdecken und erste Schritte formulieren. Geben Sie Ihren Träumen und Vorstellungen freie Fahrt. Nutzen Sie sogenannte »Dream-Days« – also Tage, die Sie nach Herzenslust damit verbringen, sich in Ihre Wunsch-Zukunft hineinzuträumen.

Mit funkelnden, attraktiven Leitsternen vor Augen

- gehen Sie zielstrebiger vor,
- nutzen Sie Ihre Zeit besser,
- lernen Sie Wichtiges von Unwichtigem zu unterscheiden,
- sagen leichter »Nein«,
- nehmen Sie leichter Hilfe von anderen in Anspruch,
- leben Sie zufriedener.

Viele Menschen haben (vermeintlich) keine Träume und Leitsterne. Sie leben in den Tag hinein und geben sich damit zufrieden, was das Leben ihnen gibt. Entweder, weil sie »keine Zeit haben«, sich über ihre Zukunft und Wünsche Gedanken zu machen. Oder sie sind so gefangen in der täglichen Routine, dass sie nur von Termin zu Termin hetzen. Erst nach Monaten oder Jahren merken Sie, dass Sie nie Dinge tun, die Ihnen wirklich Spaß machen.

Oder Sie haben keine Ziele, weil Sie sehr genügsam sagen: »Hauptsache, meiner Familie geht es gut«, oder: »Hauptsache, wir haben ein Dach über dem Kopf und genügend zu essen.« Aber geht es der Familie immer noch gut, wenn diese Menschen mit 40 oder 50 Jahren die Midlife-Crisis bekommen

und sich aus dem Staub machen, weil »dies noch nicht alles gewesen sein kann«? Denken Sie immer mal wieder darüber nach, was für Sie wirklich wichtig ist und womit Sie Ihre Zeit verbringen – es lohnt sich.

Der Blick zurück

Die australische Krankenschwester Bronnie Ware hat viele Jahre Patienten begleitet, die sich entschieden hatten, zu Hause zu sterben. Sie kam mit vielen Patien-

Übung: Ziel-Bilanz

- Nehmen Sie ein Blatt Papier oder Ihr PDF-Workbook und schreiben Sie bitte spontan zehn Aktivitäten und Menschen auf, die Ihnen im Leben wichtig sind.
- Notieren Sie nun auf einem zweiten Blatt zehn Aktivitäten und Menschen, mit denen Sie in den vergangenen vier Wochen tatsächlich Ihre allermeiste Zeit verbracht haben.

- Welche dieser Dinge haben Sie aus freien Stücken getan? Inwiefern stimmen die Punkte auf beiden Zetteln überein?
- Werten Sie Ihre eigenen Ziele und Vorstellungen höher als die Erwartungen der anderen und bauen Sie an jedem Tag eine Aktivität in Ihren Terminkalender ein, die Sie Ihren Zielen näherbringt.

> *»Was immer Du tun kannst oder wovon Du träumst – fange es an.«*
>
> Johann Wolfgang von Goethe

ten ins Gespräch und erfuhr von ihnen, was sie in ihrem Leben gern anders gemacht hätten. **Fünf Wünsche hörte sie besonders häufig: Ich wünschte, …**

- ich hätte den Mut aufgebracht, mir selbst treu zu sein, anstatt ein Leben zu führen, das andere von mir erwarteten.
- ich hätte weniger gearbeitet.
- ich hätte den Mut aufgebracht, meine Gefühle zu zeigen.
- ich wäre mit meinen Freunden in Kontakt geblieben.
- ich hätte in meinem Leben mehr Glück zugelassen.

Eigene Ziele und Träume haben macht zufriedener und entlastet. **Setzen Sie bei Ihren Alltagsaufgaben und Terminen Prioritäten:**

- Welchen Gewinn habe ich / hat meine Familie, wenn ich diese Aufgabe erledige, diesen Termin wahrnehme?
- Was ist der kurzfristige Nutzen dieser Aktivität?
- Welchen Gewinn habe ich / haben wir langfristig?
- Was passiert, wenn ich es NICHT mache? Wer ist sauer und in seiner Arbeit behindert, welchen Ärger hätte ich?

Sie stellen bei diesem Schnelltest fest, dass es eigentlich völlig egal ist, ob Sie die Aufgabe jetzt oder nie erledigen? Hurra! Dann ist sie so unwichtig, dass Sie sie aus Ihrer reisenden To-Do-Sammlung streichen können.

Ihr Familien-Leitbild

Setzen Sie sich alleine oder mit Ihrem Partner für einige Stunden zusammen oder machen Sie einen langen Spaziergang. Überlegen Sie, wie das Leitbild Ihrer Familie aussehen soll. Ein Staat hat eine Verfassung, ein Agent eine Mission.

Familien können ein Leitbild haben als ganz hellen Leitstern, der alles andere überstrahlt. In Umfragen geben viele Menschen an, sie würden gerne mehr Zeit mit der Familie verbringen und ihre Familie sei ihnen das Wichtigste. Machen Sie solche Vorsätze lebbar, indem Sie Ihre konkreten Vorstellungen dazu ausdrücken und ausmalen, wie es sich im Alltag äußert. **Die Aussage »Meine Familie ist geht mir über alles«, bleibt eine leere Worthülse, wenn wir fremde Interessen immer wieder vor die der Familie stellen:** den Geschäftstermin am Samstagnachmittag, wenn »eigentlich« der Sohn ein wichtiges Fußballspiel hat. Meinen Sie es wirklich ernst, dann beginnen Sie in Ihrem Kalender zuallererst (!) die wichtigen Familientermine und Aktivitäten als Zeitinsel einzutragen und geschäftliche Termine oder all die unzähligen Vereinstermine finden dort nur Platz, wenn Ihre ureigenste oberste Priorität es zulässt.

Ihr **Leitbild** kann auch Aussagen zu einem WIR-Gefühl enthalten: **»Wir treffen Entscheidungen gemeinsam und nehmen Rücksicht auf die Bedürfnisse unserer Familienmitglieder.«** **Erziehungsstil:** »Wir lassen unsere Kinder so viel wie möglich alleine machen, damit sie wachsen können. Wir bewahren Sie vor der Verwöhnfalle.« (vgl. S. 106) **Grad der Ordnung:** »In unserem Haushalt darf man sehen, dass wir lieber gemeinsam spielen als aufzuräumen.« Sie glauben, das sei eine zu theoretische Betrachtung und im Alltag nicht zu leben? Doch. **Wenn Sie wissen, was Ihrer Familie wirklich wichtig ist, dann können Sie von Grund auf die Weichen stellen.** Dies kann auch einen Job-Wechsel bedeuten, etwa von einem Unternehmen, das sich zwar »familienfreundlich« nennt, aber in dem trotzdem alle missbilligend schauen, wenn Sie um 16 Uhr gehen, weil die KITA schließt.

Wir leben heute in einer Zeit, in der gute Fachkräfte für die Unternehmen überlebensnotwendig sind. Innovative Unternehmen wissen, dass die Frage der Vereinbarkeit von Familie und Beruf in Zukunft eine der Schlüsselfragen für Unternehmen sein wird. Ob dank des Netzwerks »Erfolgsfaktor Familie« oder aufgrund des Gütesiegels »audit berufundfamilie«, viele Unternehmen haben in den letzten Jahren einiges getan und verändert, um flexibel auf die Bedürfnisse von Familien eingehen zu können und sie zu unterstützen: Teilzeitstellen, Arbeiten im Home-Office, flexiblere Arbeitszeiten, Nachholen von Fehlzeiten durch die Krankheit eines Kindes am Samstag, wenn die dafür vorgesehenen gesetzlichen Zeiten erschöpft sind; Betriebskindergärten oder KIGA-Plätze eines Betriebs sind nur einige Beispiele.

Natürlich gibt es auch noch genügend Unternehmen, die bewusst nur JODLER einstellen (**J**ung, **o**nline, **d**auerbelastbar, **e**heresistent, **r**isikofreudig), und möglicherweise haben Sie und Ihr Partner unterschiedliche Vorstellungen von Ihrer Rolle als Mutter und Vater. Je eher Sie das klären, desto eher ist Ihr Familien-Leitstern erkennbar und hilft in den kleinen und größeren Dingen des Alltags besser zu entscheiden.

> *»In unserer Macht stehen: Annehmen und Auffassen, Handeln-Wollen, Begehren und Ablehnen. Nicht in unserer Macht stehen: Unser Körper, unser Besitz.«*
>
> Epiktet, Handbüchlein der Moral, 1

Die Kunst der effektiven Pause

Meine Grundregel der Zeitplanung sagt, dass Sie im familiären Alltag nur 50 Prozent Ihrer Zeit verplanen sollten. Je kleiner die Kinder sind, desto weniger Termine und Aufgaben pro Tag sollten Sie zulassen und desto mehr **Pufferzeiten** sind nötig, um Stress zu vermeiden.

Atempausen schaffen

Sie brauchen **freie Zeiten für**
- Bedürfnisse wichtiger Menschen (z. B. Ihrer Kinder!),
- unvorhergesehene Ereignisse (Unfall, Stau),
- Hochbetrieb in Geschäften und damit lange Wartezeiten,
- Krankheit (Sie, Kinder),
- Eigene Bedürfnisse (Müdigkeit, Hunger, Bewegung),
- Störungen und Zeitfallen.

Gestalten Sie Ihre Tage und Wochen luftig, damit Sie leichter schaffen, was Sie schaffen wollen. Stress entsteht nicht durch einen arbeitsreichen Tag. Im Gegenteil. Ein gewisses Maß an Termindruck kann uns beflügeln und mehr Energie freisetzen, als wir an ereignislosen Tagen zur Verfügung haben. Eine gelöste Aufgabe befriedigt uns – je größer die Herausforderung, desto mehr Befriedigung. Wenn wir uns aber zu eng verplanen und immer wieder nicht das schaffen, was wir schaffen wollten, dann erleben wir Stress, haben ein schlechtes Gewissen und sind unzufrieden.

Puffer einplanen

Gestalten Sie Ihre Tage luftiger, indem Sie auch pro wichtiger (!) Aufgabe **Pufferzeiten** einrechnen (siehe Kasten). »Na klasse«, denken Sie jetzt vielleicht, »wenn ich viel Luft mit einplane, dann werde ich ja nie mit allem fertig!« Doch! Die Erfahrung zeigt: Je gelassener Sie sind, desto leichter gehen Ihnen die Arbeiten von der Hand, desto mehr schaffen Sie unterm Strich, desto zufriedener werden Sie.

Tipp: Tagesplanung

Organisieren Sie Ihre wichtigen Aufgaben in drei Schritten:
Schätzen Sie grob die Dauer der Aufgabe (z. B. Lebenslauf aktualisieren: drei Stunden).
Reservieren Sie sich eine doppelt so große Zeitinsel in Ihrem Kalender (also sechs Stunden). Dieser Puffer gibt Ihnen Luft für **Störungen** Zeitdiebe, Unerwartetes sowie für **Kreativzeit** (Nachdenken über die Aufgabe, Formulierungen, Tee kochen).
Ist wirklich mal keine Zeit für Puffer, dann sorgen Sie dafür, dass Sie **während Ihrer Arbeit nicht gestört werden** (Telefon aus, Kinder zur Oma) und verlagern Sie die Kreativzeit auf vor Beginn der Tätigkeit.

Sehr kreativ-chaotische Menschen planen in der Regel keine Pufferzeiten ein, weil sie völlig euphorisch die eigene Leistungsfähigkeit überschätzen und denken, sie schaffen das schon alles mit links (Igor) oder weil sie sich nicht trauen, freie Zeiten für eigene Bedürfnisse einzuschieben (Hanny). Ottmar und Annalyse kennen Puffer sicherlich schon lange, Ottmar wendet sie auch konsequent an, während Annalyse immer denkt, in ihrer ohnehin sehr dichten Terminplanung sei kein Platz – und eigentlich habe sie solche Puffer auch gar nicht nötig. Stimmt – sie bräuchte sie nicht, wenn sich der Alltag so gestalten würde wie in der Theorie auf dem Papier. Das tut er aber nicht. Nicht in unserem Arbeitsalltag und schon zehnmal nicht im Privaten. Denn vor allem Kinder sind keine Roboter, die auf Knopfdruck funktionieren und innerhalb von zwei Minuten ihre Schuhe (richtig) anhaben. Diese Nichtplanbarkeit der Mitmenschen zerschießt Annalyse regelmäßig ihr Planungskunstwerk. Probieren Sie es aus. Seit ich Kinder habe, plane ich solche Puffer auch tagesweise ein und versuche bei wichtigen Aufgaben bereits ein bis mehrere Tage früher als nötig fertig zu sein. Und diese Ruhe liebe ich, obwohl ich eine kreative Chaotin bin. Finden Sie Ihren Grad an »Ich will früher fertig sein«, oder: »Auf den letzten Drücker blühe ich erst richtig auf«, und setzen Sie entsprechend Puffer ein.

Das eigene Maß finden

Finden Sie dabei heraus, welche Menge an Terminen und Verpflichtungen Ihnen momentan (!) wirklich guttut. Der eigene Lebensrhythmus ist die Quelle unserer Energie. Wer im Einklang mit seiner inneren Uhr lebt, ist leistungsfähiger, gesünder und zufriedener. Das ist schwierig in einer Gesellschaft, die so extrem schnell geworden ist und in der »coole Überflieger« so viel wie möglich parallel erledigen. Gerade Menschen, die eher gemächlich sind, und denen schon wenige Termine in der Woche zu viel sind, fühlen sich vom äußeren Tempo schnell überfordert. Aber selbst für »schnelle« Menschen, die einen schnellen Zeittakt in ihrer Umgebung und viele Aktivitäten brauchen, um sich wohlzufühlen, ist die heutige Hochgeschwindigkeitsgesellschaft ziemlich stressig.

»Ich will«, statt »ich muss«

Lösen Sie sich von dem Gedanken, was Sie alles tun »müssen«. Wir müssen weniger, als wir denken. **Fragen Sie sich: Muss ich es – oder will ich es tun? Tauschen Sie im Gespräch mit sich selbst und mit anderen die Formulierung »Ich muss« gegen »ich will« oder »ich kann« aus.** In vielen Fällen »müssen« Sie nämlich gar nicht, aber das Wort suggeriert Ihnen eine extreme Fremdbestimmung – und gegen die wehrt sich Ihr Unterbewusstsein.

Entschleunigen

Menschen, vor allem solche wie Ottmar und Annalyse, verlieren die meiste Zeit damit, dass sie Zeit gewinnen wollen. Oftmals jedoch können wir mit ganz einfachen Mitteln unser Zeiterleben »strecken«. Besiegen Sie die Hetzkrankheit und nehmen Sie doch einfach mal Ihre Uhr ab. Lassen Sie sich von anderen Menschen an Termine erinnern, oder richten Sie sich nach den Schlägen einer Kirchturmuhr. Erleben Sie Ihre Tage bewusst. Schauen Sie Dinge um sich herum einmal fünf Sekunden lang an, beispielsweise beim Spazierengehen oder als Beifahrer im Auto. Wissenschaftler haben entdeckt, dass die leicht verlängerte Phase des Schauens die Lebensfreude und die Lebensqualität spürbar steigert. Machen Sie Schluss mit Multitasking (mehrere Tätigkeiten gleichzeitig machen). **Genießen Sie freudige Momente ganz bewusst und gehen Sie nicht sofort zur Tagesordnung über.**

Kairos vor Chronos stellen

In der griechischen Mythologie ist Chronos der Gott der Zeit. Er ist Sinnbild für den Ablauf von Stunden und Minuten und allgemein der Lebenszeit. Ihm ist der Name der heutigen Uhren – Chronometer – zu verdanken.

Ihm gegenüber steht der nicht ganz so bekannte zweite Gott der Zeit: Kairos. Er ist der Gott für die Zeitqualität oder des günstigsten Zeitpunktes. Heutzutage haben wir das Gefühl für Zeitqualität ziemlich verloren. **Anstatt nach guter Zeit zu suchen, wollen wir meist nur mehr Zeit.** Dabei ist es Kairos, der unser Leben formt und unsere Erinnerungen gestaltet. Aus einem schönen Moment schöpfen wir tausendmal mehr Energie als aus drei Extra-Stunden. Das kann sein: ein schönes Wort eines Freundes, ein Erfolgserlebnis oder ein gutes Essen.

Ebenso können wir in einer einzigen Sekunde eine Entscheidung treffen, die unser ganzes Leben beeinflussen wird. Kairos bestimmt unser Leben viel mehr, als wir es uns bewusst machen.

Deshalb sollten wir uns öfter darauf konzentrieren, Kairos zu finden und die Qualität unserer Zeit zu steigern, statt hinter Chronos herzujagen. Denn die Menge der Zeit, die uns gegeben ist, können wir nicht vermehren, was immer wir auch tun. Wir können nur mit ihr wirtschaften. Die kostbaren Momente, die können wir steigern und so unser Leben bereichern. Machen Sie sich daher jeden Abend bewusst, wann Sie Kairos am heutigen Tag begegnet sind und was er Ihnen geschenkt hat.

Die sogenannten **Slobbies** »Slower, but better working people«, langsamer, aber besser arbeitende Menschen, leben bereits ganz im Sinne von Kairos. **Sie meutern gegen die ständige Erreichbarkeit, machen bewusst ihre Handys und Mail-Programme aus und stehen selbstbewusst dazu, nur wenige Termine zu haben.**

Rücken auch Sie Kairos mehr in den Mittelpunkt Ihres Lebens, um eine neue Fülle an Zeit zu erleben.

Die Macht der Pause

Die relativ junge Forschungsrichtung der Chronobiologen hat festgestellt, dass wir im Schnitt 70 Minuten konzentriert eine Aufgabe erledigen können. Nach dieser Zeitspanne geht unsere Leistungsfähigkeit automatisch in den Keller und eigentlich sollten wir jetzt 20 Minuten Pause machen, um uns zu regenerieren. Oft ziehen wir uns dann künstlich wieder hoch – mit viel Koffein, Adrenalin und Selbstdisziplin. Doch wer sich immer wieder über diese biologisch einfach vorgesehenen Tiefpunkte wegkämpft, der ist am Ende eines Tages und vor allem am Ende einer Woche komplett k. o. Das Ergebnis: Statt sich spontan mit Freunden zu treffen oder entspannt mit den Kindern zu spielen, liegen wir völlig fertig auf der Couch. Kein Wunder.

Anstrengung und Termine müssen sich deshalb immer wieder mit Erholungszeiten abwechseln oder mit Zeiten, die Ihnen Energie bringen – und seien diese noch so kurz. Studien belegen, dass ein 10- bis 30-minütiges Schläfchen die Leistungsfähigkeit um 35 Prozent steigert. Der Kurzschlaf verbessert die Fähigkeit, Entscheidungen richtig zu fällen um 50 Prozent, und Mittagsschläfer erleiden um 30 Prozent seltener einen Herzinfarkt als Berufstätige, die durcharbeiten.

Eigene Bedürfnisse erkennen

Eine der zentralen Fragen, mit der wir zu mehr seelischer und körperlicher Stärke finden können, ist die Frage »Was braucht mein Ich?« Fünf Grundbedürfnisse hat der Mensch:

- Ruhe,
- Essen,
- menschliche Nähe,
- Bewegung,
- geistige Anregung.

Achten Sie in Ihrem Alltag immer wieder darauf, was momentan Ihr Bedürfnis ist. Für den einen wird es mehr Ruhe sein, für den anderen mehr geistige Anregung – was ist es bei Ihnen?

Stellen Sie sich Ihre Grundbedürfnisse auch als Leitstern vor und gehen Sie immer mal wieder im Laufe des Tages, besonders wenn Sie sich gestresst oder müde fühlen, diese Bedürfnisse durch. **Schließen Sie die Augen und stellen Sie sich den Leitstern der Bedürfnisse vor: Wovon brauchen Sie gerade jetzt mehr? Wovon weniger? Handeln Sie entsprechend.**

Kraftquellen finden

Machen Sie sich auf die Suche nach Ihren persönlichen Kraftquellen: Was gibt Ihnen Energie?

Manche Menschen tanken Kraft, wenn sie …

- mit geschlossenen Augen das Gesicht in die Sonne strecken, die klare Luft einatmen und die Wärme auf der Haut spüren.

- nach einer Präsentation Beifall der Kollegen bekommen.
- mit den Kindern toben.
- ein fröhliches Telefonat mit einem Kunden führen.
- an einem See sitzen und ins stille Wasser schauen.
- einen lieben Menschen in den Arm nehmen (manchmal auch auf den Arm).

Gerade wenn Sie derzeit stark belastet sind, achten Sie ab sofort mehr auf das, was *Ihnen* guttut und Ihnen Kraft gibt. Schaffen Sie eine Balance zwischen Ihren Bedürfnissen und den Belangen der Familie oder des Berufs.

Nehmen Sie sich Zeit und notieren Sie, was Ihnen Kraft gibt, welche Momente Sie glücklich machen. Mit dieser Kraftquellen-Sammlung haben Sie wertvolles Wissen über sich selbst parat, um in stressigen Situationen gegensteuern zu können. Bauen Sie in Ihren Tagesablauf bewusst mehrere solche Kraftquellen ein. Allein dies sorgt bereits für einen guten Ausgleich – besser, als es ein dreiwöchiger Urlaub vermag.

Trödeln? Aber ja!

Eltern nennen es trödeln, Wissenschaftler nennen es »unterschiedliche Vorstellung von Pünktlichkeit und Tempo«. Es ist erwiesen, dass Kinder etwa bis zum Schulalter keine klare Vorstellung von Zeit und zeitlichen Zusammenhängen haben. Sie können Ereignisse nicht in ihrem zeitlichen Verlauf erzählen – gestern, heute oder letzter Monat verschwimmen ineinander. Sie wissen nicht, dass Dinge parallel passieren und sie machen sich keine Gedanken über Reihenfolgen und Dauer von Aktivitäten. Aus diesem Grund ist die Aufforderung: »Beeil dich mit dem Schuheanziehen, der Bus ist gleich da«, für Kinder vollkommen unverständlich. Sie brauchen mehr Vorlaufzeit.

Entzerren Sie Termindruck mit Kindern – hier einige Tipps:

- Erzählen Sie Ihrem Kind frühzeitig – einige Stunden vorher – was heute noch alles geplant ist und was Sie alles tun, bevor es eng werden könnte. So kann es sich darauf einrichten und ist nicht überrumpelt.
- Kündigen Sie Aktivitäten rechtzeitig an: »Noch 10 Minuten spielen, dann ziehen wir uns an und fahren zum Turnen.«
- Setzen Sie klare Endzeiten für bestimmte Tätigkeiten: »Wir essen jetzt 30 Minuten lang, dann räumen wir ab.« Bleiben Sie konsequent.
- Spornen Sie es zu einem Wettlauf an: »Wer ist eher angezogen – du oder ich?«
- Beginnen Sie mit dem Fertigmachen früher als bisher.

Übung: Wo sind meine Kraftquellen?

Schließen Sie die Augen und versetzen Sie sich gedanklich in Situationen, die Sie spürbar mit Energie durchfluten. Notieren Sie diese anschließend in Ihrem Notizbuch oder PDF-Workbook.

● Planen Sie Pufferzeiten für Unvorhergesehenes (z. B. volle Windeln) ein.

● Wenn Sie fertig sind, brechen Sie auf. Es ist für alle Beteiligten contra-produktiv erst zur Eile anzutreiben, und dann angezogen im Haus Zeit »totzuschlagen«.

Gehen Sie mit gutem Beispiel voran. Planen Sie im Tagesverlauf immer wieder kleine Auszeiten ein, in denen Sie auftanken. Vertrauen Sie nicht darauf, dass irgendwo schon ein paar Minuten oder Stunden für Sie persönlich abfallen. Das passiert meistens nicht und im Alltagsstress bleiben Sie mit Ihren Bedürfnissen dann auf der Strecke. Machen Sie bewusst »Termine mit sich selbst«, die für die Kinder zum Ritual werden. Denn: Je fitter und ausgeruhter Sie sind, desto entspannter erleben Ihre Kinder das Familienleben. Erbitten Sie sich z. B. Ruhe, während Sie Nachrichten gucken. Die Kinder dürfen ja auch ihr Sandmännchen ungestört sehen. Oder lassen Sie sich nicht unterbrechen, wenn Sie sich mit Ihrem Partner bei einer Tasse Kaffee hingesetzt haben, um etwas zu besprechen. Wenn Sie dies immer auf dieselbe Art tun, werden Ihre Kinder das Ritual schnell beherzigen und wissen, dass sie zu warten haben, bis Sie fertig sind.

Wie Ihr Kind ein guter Schläfer wird

● Legen Sie regelmäßige Schlafzeiten fest.

● Schaffen Sie Einschlafrituale, die Ihnen angenehm sind.

● Überschätzen Sie nicht den Schlafbedarf Ihres Kindes.

● Legen Sie Ihr Kind wach ins Bett und gehen Sie weg, damit es lernt, selbst einzuschlafen.

● Springen Sie nicht bei jedem Mucks auf, sondern geben Sie Ihrem Kind die Chance, sich selbst zu beruhigen.

● Erkennen Sie ungünstige Einschlafgewohnheiten und vermeiden Sie sie (Schnuller, stundenlang singen).

Tipp: Kleine Pausen – große Wirkung

- Gönnen Sie sich einen **Power-Nap** oder **Minutenschlaf**: Führen Sie Ruhezeiten ein, in denen die Kinder sich selbst beschäftigen und Sie zehn Minuten die Augen zumachen. Bleiben Sie konsequent; neue Gewohnheiten spielen sich erst in drei bis sechs Wochen ein.

- **Massieren Sie Stress einfach weg:** Nehmen Sie Ihre Ohren und massieren Sie sie sanft oder kräftig durch.

- Schöpfen Sie neue Kraft mit der »**Elefanten-Übung**«: Stellen Sie sich hin, die Beine sind hüftbreit geöffnet. Augen schließen und den Oberkörper locker nach vorne senken. Arme baumeln lassen – so wie ein Elefant seinen Rüssel schlenkert. Ganz langsam Wirbel für Wirbel aufrollen und wieder hochkommen. Dreimal wiederholen.

- Richten Sie **freie Abende** ein, auch wenn Ihr Partner unregelmäßige Arbeitszeiten hat; gönnen Sie sich einen Babysitter oder sprechen Sie sich mit den Nachbarn ab. Gestehen Sie auch Ihrem Partner einen freien Abend zu.

- Planen Sie ein ganzes **Wochenende zu zweit** ein. Das tut Ihnen und Ihrer Beziehung gut und die Kinder genießen ihr Wochenende ohne Eltern. Fangen Sie mit solchen Auszeiten so früh wie möglich an, damit Ihre Kinder sich daran gewöhnen.

- Machen Sie Ihre **Wohnung zum Wellness-Tempel** und tanken Sie hier Kraft und Energie. Gönnen Sie sich ein Verwöhnprogramm mit Badewanne, Musik und Kerzenschein.

- Gehen Sie wieder einmal um **20 Uhr ins Bett.** Das wirkt wahre Wunder!

Schlafmangel?
Gute Nacht!

Wer müde ist, kann sein Pensum nicht schaffen. Doch oft dauert es viele Wochen, bis mit kleinen Kindern nachts Ruhe herrscht.

Wie Sie (wieder) gut schlafen

Erhöhen Sie Ihre Schlafzeit und gehen Sie früher ins Bett.
Wenn Ihre Kinder noch klein sind, verabreden Sie mit Ihrem Partner, wann wer »Nachtdienst« im Kinderzimmer hat und aufsteht, wenn ein Kind weint oder schlecht träumt. Das kann jedem von Ihnen (mit Oropax) drei bis vier Stunden ungestörten Schlaf schenken. Machen Sie einmal in der Woche einen Langschlaftag, an dem Sie früher ins Bett gehen. Morgens länger schlafen ist eher ungünstig; dies erzeugt im Körper einen Jetlag, ohne dass Sie dazu verreisen müssen. Halten Sie Ihre Aufwachzeit möglichst konstant, mit Abweichungen von höchstens einer Stunde. Homöopathische Mittel können Ihnen helfen, wenn Sie ausgelaugt sind von häufig unterbrochenem Schlaf. Tanken Sie tagsüber wieder auf. Wenn Ihr Kind schläft, legen Sie sich auch hin. Selbst wenn Sie nicht schlafen – schon zehn Minuten die Beine hochlegen und *nichts tun* erfrischt.

Der Schlappheit ein Schnippchen schlagen

Sie schlafen zwar ausreichend, aber nicht gut und fühlen keine Energie mehr, um Ihren Alltag zu bewältigen. Klären Sie zunächst, ob die

> *Es ist eine Gabe, das Unwichtige auf dieser Welt tatsächlich unwichtig zu nehmen.*
>
> Frank Thiess

So erhalten Sie sich Ihre Leistungsfähigkeit

- Essen Sie ausgewogen.
- Trinken Sie genügend (nein, Alkohol ist nicht gemeint).
- Tun Sie regelmäßig etwas für Ihre Muskeln und Ausdauer.
- Schlafen Sie ausreichend.
- Lachen Sie jeden Tag.
- Zeigen Sie Humor.
- Sorgen Sie für positive Momente am Tag.
- Sagen Sie dem Stress »Nein«.
- Denken Sie positiv.
- Planen Sie Auszeiten ein.
- Machen Sie jeden Tag etwas »Unvernünftiges« und freuen Sie sich darüber.

Schlappheit körperliche oder seelische Ursachen hat. Packen Sie das Übel an der Wurzel mit entsprechenden vom Arzt verordneten Präparaten oder – bei seelischen Problemen – mit Hilfe eines Therapeuten oder eines Coach.

Seien Sie achtsam sich selbst und Ihren Bedürfnissen gegenüber. Sie müssen nicht die Übermutter oder Mr. Perfect sein, die allen beweisen, wie leicht sie das Leben meistern. Fahren Sie Ihr Programm runter, setzen Sie Prioritäten, schaffen Sie Ruhe. So können Sie Stress-Phasen ausgeglichener begegnen.

Lernen Sie »nein« sagen (S. 85), stressen Sie sich nicht damit, dass Sie mehr Sport machen oder unbedingt mal wieder ins Theater »müssen«. Gönnen Sie sich Auszeiten, in denen der Körper ausreichend regenerieren kann.

Erwartungen und Druck entgegenwirken

Von Eltern wird eine Menge erwartet: Wir sollen uns um die Bedürfnisse aller kümmern, trotz Schlafentzug für alle da sein und im Alltag funktionieren. Wir sollen gesund und abwechslungsreich kochen, wir sollen als Frauen natürlich auch auf unser Äußeres achten und nicht im Schlabber-Look dem Klischée der Vollzeit-Mutter entsprechen. Die Kinder sollen frühzeitig gefördert werden und schon als Kleinkinder mit Geige und Schach beginnen. Und wenn man so manche Hochglanzzeitschrift liest von all den Super-Mamas und Papas, da kann einem schon ganz flau werden, wenn es abends die Kartoffelpuffer aus der Supermarkt-Tiefkühlung gibt statt dem selbst gemachten Kürbis-Rhabarber-Auflauf mit den gesunden Zutaten vom Bio-Bauernhof.

Kommt dann noch Zeitdruck oder Ärger mit dem Partner dazu, dann ist die Explosion greifbar nahe. Erschreckenderweise reagieren viele Eltern ihren Frust an den Kindern ab: Rund die Hälfte der Kinder werden von ihren Eltern geohrfeigt, bekommen einen Klaps auf den Po oder müssen »körperlose« Strafen erdulden, wie Niederbrüllen, auf den Tisch hauen, Drohungen. Besonders quälend: Ein Viertel der Eltern bestraft seine Kinder durch Liebesentzug, stunden- oder sogar tagelanges Schweigen.

● Bauen Sie Druck frühzeitig ab, damit der Stress nicht an die Substanz geht:

● Sprechen Sie sich bei einer Freundin (die selbst Kinder hat) über Ihren Frust aus und spielen Sie nicht Blendax-Familie. Bitte nicht falsch verstehen: Es geht nicht darum, dass Sie nun jedes Mal mit Ihrer Freundin gemeinsam jammern, wie schlecht Sie es doch haben. Nein, ich meine kurz Dampf ablassen und dann wieder positiv nach vorne blicken.

● Bauen Sie gezielt Stress ab mit einer Anti-Stress-Übung (siehe Kasten).

● Gestehen Sie sich und auch Ihren Kindern zu, dass nicht immer eitel Sonnenschein in einer Familie herrschen kann, und dass ein Kissen ruhig mal zum Wutablassen herhalten darf.

Tipp: Stress weg – gute Laune her

- Gehen Sie raus in den Wald und schreien Sie laut und lange einen Baum an. Spüren Sie dann nach, wie der Frust verraucht.

- Fluchen Sie lauthals (natürlich nicht vor den Kindern). Forscher stellten fest, dass Schimpfen sogar Schmerz reduziert.

- Bauen Sie Stress ab mit Bewegung: laufen gehen, Trampolinspringen oder das Treppenhaus dreimal rauf- und runterlaufen, Seil springen.

- Atmen Sie Stress weg: Acht Sekunden einatmen, Atem acht Sekunden anhalten und dann auf acht wieder ausatmen. Fünf Minuten lang wiederholen.

- Auch Kinder können Stress abbauen mit dem »Indianer-Schrei«. Dazu stellen sie sich aufrecht hin und holen tief Luft. Danach stoßen sie einen lautlosen Schrei aus. Es heißt, dass diese Übung für Indianer wichtig war, um sich auf den Feind vorzubereiten, wenn er schon in der Nähe war.

- Eine gute Übung zur Stressreduktion für Jung und Alt ist der »Sprung in die Wachheit«. Kinder stellen sich mit ausreichendem Platz hin, konzentrieren sich und sammeln ihre Kräfte. Der »Trainingsleiter« zählt langsam von vier rückwärts auf null. Bei null springen die Kinder hoch, indem sie Arme und Beine nach außen werfen, die Augen weit aufreißen und »ha« schreien.

- Zeigen Sie Ihren Kindern, wie sie mit Wut umgehen können, ohne Dinge zu zerstören oder andere Menschen verbal zu verletzen. Lassen Sie in Ihrer Familie reinigende Gewitter zu. Und zeigen Sie, dass danach alles wieder ganz »normal« ist.

Zeit einteilen schafft Freiräume

Setzen Sie sich jeden Tag bewusst hin und tun Sie – nichts. Mit Recht wenden Sie jetzt ein, dass Sie gar keine Zeit haben, sich mal hängen zu lassen. Das kann aber auch daran liegen, dass Sie solche Zeiten bislang nicht erkannt haben.

Wartezeiten als Oasen nutzen

Achten Sie mal darauf, wie viel Leerlauf an einem Tag entsteht. Zeit, die Sie in der Post Schlange stehen, bis Sie an der Reihe sind. Wartezeiten auf die Kinder, die gerade beim Ballett oder beim Schwimmtraining sind, und ihren »Chauffeur« vor der Türe sitzen haben. Ärgern Sie sich künftig nicht mehr über die unfreiwillige Zeitverschwendung, sondern nutzen Sie die Zeit aktiv zum Entspannen. Tragen Sie ein Taschenbuch bei sich, in dem Sie zwischendrin ein paar Seiten lesen können. Hören Sie unterwegs Hörbücher mit Romanen oder einem Weiterbildungskurs. Laden Sie sich Podcasts. Schließen Sie die Augen, genießen Sie das Nichtstun.
Spielen Sie bei gemeinsamen Wartezeiten mit Kindern *bewusst* mit den Kleinen. Ob Sie im eigenen Wohnzimmer sitzen oder im Wartezimmer beim Arzt, ist doch egal, oder?

Rituale geben Halt

Gewohnheiten machen das Alltagsleben überschaubar und einfacher. Das heißt nicht, dass Sie künftig alles verplanen und automatisch Ihren »gewohnten« Tag abspulen. Im Gegenteil. Schaffen Sie sich mehr Zeit für schöne Dinge und nutzen Sie die Kraft von Gewohnheiten – oder nennen Sie es lieber Rituale – zu Tageszeiten und in bestimmten Situationen, wo es Ihnen sinnvoll erscheint. Denn Rituale erleichtern Ihr Leben in vielfacher Hinsicht:

Rituale machen den Kopf freier.
Sie erledigen sie »automatisch« und
Ihr Gehirn kann sich mit wichtigeren Dingen beschäftigen.

Rituale setzen Energie frei. Dinge, die Sie auch ohne viel Nachdenken geschafft haben, bringen Ihnen
regelmäßig einen Energie-Kick.

Rituale vereinfachen das Miteinander. Wenn die Familie weiß,
am Donnerstag ist Einkaufstag,
dann werden sich alle daran gewöhnen, spezielle Wünsche bis dahin zu äußern.

Rituale sparen Zeit. Feste Kinderbetreuungszeiten ersparen Ihnen,
dass Sie jede Woche neu mit Babysitter oder Oma um Termine ringen müssen. Einmal verabredet
können sich alle darauf verlassen.

Rituale nehmen uns Entscheidungen ab. Sie verhindern, dass wir
Zeit vertrödeln, weil wir uns nicht
entscheiden, was wir tun wollen,
und im Endeffekt nichts tun.

**Rituale geben Kindern Halt und
Orientierung.** Alles was in ihrer
Familie zum normalen Ablauf gehört, akzeptieren die Kleinen ohne
Murren. Sie sparen sich unnötige
Diskussionen und Zeit.

Rituale erleichtern die Koordination mit anderen Terminen. Absprachen mit anderen Familienmitgliedern oder Kollegen werden
zu einer festgelegten Zeit getroffen.
Sie verhindern, dass Tätigkeiten
endlos liegen bleiben, weil immer
etwas dringender war.

Wöchentliche Rituale planen

Planen Sie Arbeiten, die für einen
reibungslosen Alltag nötig sind,
wochenweise: z. B. Montagvormittag einkaufen, Donnerstagabend
aufräumen, denn morgen kommt
die Haushaltshilfe, Freitagvormittag Großputz oder Projektbesprechung im Home-Office. Alle Verabredungen, die Sie in Ihrem Terminkalender eintragen, seien sie privat
oder beruflich, oder »nur« mit sich
selbst, entlasten Sie emotional erheblich: Die Berge an Schmutzwäsche oder die Beantwortung der
E-Mails aus dem Freiwilligenpro-

Beispiel: Jeden Abend dasselbe Ritual

Bei Johanna, 6, und Clara, 4, läutet das Sandmännchen das Tagesende ein: Nach den 10 Fernsehminuten folgt das Abendessen, dann werden die Zähne geputzt und ins Bett gegangen.
Pluspunkt: Wenn die Kinder den Ablauf kennen, kann auch leicht ein Babysitter das Ritual übernehmen.

jekt können Sie dann getrost auf den dafür vorgesehenen Zeitraum verschieben.

Das heißt natürlich nicht, dass Sie sich stur an das einmal erstellte Schema halten müssen. Wenn sich Ihr Putzvormittag mit einem anderen wichtigen (!) Termin oder einem schönen Spaßtermin (Einladung zum Brunch) überschneidet, dann setzen Sie Prioritäten.
Machen Sie sich – besonders als systematischer Mensch – nicht zum Sklaven Ihrer eigenen Planung und reduzieren Sie lieber die Anzahl Ihrer festen »Termine«.
Nutzen Sie andererseits besonders als kreativ-chaotischer Mensch, der sich gerne »von der Arbeit abhal-

ten lässt«, *bewusst* die Kraft von Ritualen. Erfinden Sie diese immer wieder neu, wechseln Sie öfter die Kulisse und die Requisiten, damit die Rituale Sie nicht langweilen.

Der 20-Minuten-Morgenlauf – mehr als Ordnung schaffen

Mit dem 20-Minuten-Morgenlauf halten Sie in wenigen Minuten und mit wenigen Handgriffen Ihr Heim in einem ordentlichen Zustand. Diese tägliche Gewohnheit lohnt sich in verschiedener Hinsicht:

- Sie haben schon morgens ein vorzeigbares Haus.
- Sie vertrödeln beim Nachhause-Kommen keine Zeit, weil Sie daheim keine Unordnung erwartet.

● Sie wecken bei sich selbst ein gutes Gefühl, das den ganzen Tag anhalten kann.

Auch kleine Kinder können lernen, dass Sie nach dem Frühstück für Ordnung sorgen. Sie akzeptieren, dass sie sich einen Moment alleine beschäftigen oder »mithelfen«. Teilen Sie bei sehr kleinen Kindern die 20 Minuten eventuell auf mehrere 3-Minuten-Einheiten auf.

Mit dem 20-Minuten-Morgenlauf können Sie Ihren Haushalt lange in Schuss halten. Er reicht völlig aus, um Ihr Haus optisch ordentlich wirken zu lassen und geht umso schneller, je stärker die Grundordnung in Ihrem Haus ist.

Übung: Der 20-Minuten-Morgenlauf

1 Nehmen Sie sich für jeden Raum maximal fünf Minuten Zeit.

2 Arbeiten Sie »von oben nach unten« oder von »vorne nach hinten«, von der Eingangstüre weg in die Wohnung hinein.

3 Die Küche gehört nicht zum 20-Minuten-Morgenlauf und bekommt zusätzliche 10 bis 15 Minuten.

Ablauf:

1 Räumen Sie herumliegende Gegenstände (Spielsachen, Kleidung) in die Schränke oder in Kisten. Hängen Sie beispielsweise Handtücher auf. Werfen Sie Abfall weg. Sammeln Sie Schmutzwäsche ein. Betten Sie auf.

2 Wischen Sie verschmutzte Tische oder Waschbecken feucht ab.

3 Putzen Sie nicht zu gründlich. Wenn Sie sehen, dass der Boden gewischt oder die Dusche entkalkt werden muss, notieren Sie es in Ihrer extra To-Do-Sammlung und nehmen es sich für später vor.

Natürlich können auch ältere Kinder oder Ihr Partner dieses Morgen-Ritual übernehmen. Wechseln Sie sich täglich ab (vielleicht nach dem Motto: Wer zuletzt aus dem Haus muss, übernimmt heute), oder helfen Sie alle zusammen – jeder macht ein bis zwei Zimmer.

Blöcke bilden

Steigern Sie Ihre Produktivität, indem Sie gleichartige Aufgaben sammeln und gebündelt erledigen. Blöcke haben viele Vorteile:

● Sie sparen Wegezeiten, wenn Sie beispielsweise zweimal statt fünfmal pro Woche einkaufen gehen oder Erledigungen verbinden.

● Sie haben alle benötigten Utensilien bereit und sind auf die Aufgabe eingestimmt.

● Sie können den Block auf einen passenden Zeitpunkt legen: Einkaufen, wenn die Geschäfte leer sind, telefonieren, wenn Ärzte, Behörden, Lehrer Sprechzeiten haben, arbeiten während der KITA-Zeiten.

● Sie können die organisatorischen Voraussetzung für ungestörte Momente schaffen (Kinder betreuen lassen).

● Sie räumen nur einmal das »Werkzeug« (wie Putzzeug) weg. Als Block gilt auch, wenn Sie Arbeiten »verzahnen«, etwa wenn Sie Vorräte aus dem Keller holen und bei der Gelegenheit die Waschmaschine füllen.

»Multitasking macht dumm«
Machen Sie bei all dem Schluss mit Multi-Tasking. Wer viel zu tun hat, tendiert dazu, mehrere (anspruchsvolle) Tätigkeiten gleichzeitig zu machen: Kind füttern und telefonieren oder Badesachen packen und gleichzeitig Vokabeln abfragen. Weil beide Tätigkeiten Ihre Konzentration fordern, machen Sie keine der Arbeiten wirklich gut. Sie brauchen mehr Zeit und machen mehr Fehler. »Multi-Tasking macht dumm«, behauptet deshalb der Hirnforscher Manfred Spitzer. Setzen Sie lieber klare

Prioritäten und arbeiten Sie Aufgaben, die Aufmerksamkeit fordern, *nacheinander* ab.

Sie langweilen sich dabei total? Dann probieren Sie Folgendes: Machen Sie jeden Handgriff Ihrer Aufgabe (Abwasch, Ausfüllen der Kiga-Anmeldung, Falten der 300 Elternbeirats-Rundbriefe) ganz bewusst, mit voller Aufmerksamkeit und mit ganzem Herzen. Studien haben gezeigt, dass wir dann sogar bei nervigen Aufgaben ein Gefühl der Ruhe und Erholung entwickeln. Prima, oder?

Störungsfreie Zeiten schaffen

Sorgen Sie bei Aufgaben, die Sie zügig und konzentriert erledigen wollen, dafür, dass Sie nicht gestört werden. Stress entsteht heutzutage vor allem, weil wir nie in Ruhe bei einer Sache bleiben können, sondern uns zwischendrin immer wieder um andere Dinge kümmern müssen. Wissenschaftler der University of California in Irvine stellten fest, dass sich Berufstätige durchschnittlich elf Minuten am Stück einer Aufgabe widmen können, bevor ein Anruf, eine E-Mail, eine Nachricht im Instant Messenger oder ein anklopfender Kollege stört. Resultat: Das Gehirn kann die vielen Informationen nicht mehr optimal verwerten, die Leistung sackt messbar ab. Und es kommt noch fataler: Im Schnitt brauchen wir nach einer Störung rund acht Minuten, um den roten Faden wieder zu finden: Was wollte ich gerade tun, welcher Schritt kommt als Nächstes, wo habe ich jetzt mein »Werkzeug« hingelegt? So bleiben uns – nach dieser Rechnung – drei Minuten bis zur nächsten Unterbrechung.

Was glauben Sie, wie das in einer Familie ist? Ein Bürotag ist im Vergleich zu einer Familie mit kleinen Kindern ein gemütlicher Spaziergang. Auch Wochenendseminare wirken im Vergleich dazu wie bezahlter Urlaub.

Sorgen Sie deshalb in Ihrem privaten Alltag dafür, dass Sie tatsächlich konzentriert arbeiten können, wenn Sie das möchten:
Gehen Sie nicht ans Telefon – auch wenn die Abwechslung beim langweiligen Fensterputzen noch so willkommen wäre.
Lassen Sie Ihre Kinder in dieser Zeit von anderen beaufsichtigen oder bringen Sie sie zu Freunden. Ist die Bahn frei, dann geht die Arbeit auch schnell von der Hand. Legen Sie alle für eine Arbeit benötigten Dinge rechtzeitig bereit. Nicht dass Sie sich selbst aus der Arbeit reißen müssen, weil das destillierte Wasser für die Dampf-Bügel-Station nicht mehr ausreicht oder der Parkett-Reiniger nachgekauft werden muss.
Planen Sie immer wieder solche störungsfreien Zeiten. Und nehmen Sie an den anderen Tagen Störungen gelassen. Machen Sie sich vor allem eines klar: Kinder sind keine Störung, Kinder sind eine Bereicherung.

Plan B – der Notfallplan

Einige Eltern würden im Beispiel von Marita, deren Kinderbetreuung schon am ersten Tag ihrer Fortbildung wieder wegbrach (vgl. S. 22), vielleicht sofort wieder ihre Koffer packen, nach Hause stürzen und ihren Part in der Familie übernehmen und dabei lernen: »Ohne mich funktioniert es einfach nicht, ich darf jetzt nicht meinen eigenen Zielen folgen. Sieht man ja, was dabei rauskommt.«
Viele berufstätige Mütter und zunehmend Väter reiben sich auf zwischen den Ansprüchen eine gute Mutter zu sein und ihren »Mann« im Job zu stehen.
Halten Sie lieber Plan B stets in petto. Denn es ist ein ungeschriebenes Gesetz, dass ein familiärer Alltag nie bis ins Letzte perfekt organisiert werden kann.
Was wir aber tun können, ist vorsorgen. Im Krankheitsfall rollt Ihre Betriebsfeuerwehr mit Blaulicht an. Das kann sie aber nur, wenn

Sie die Truppe schon *vor* dem Notfall zusammengestellt haben. Jeder Mensch weiß, dass er, die Kinder oder die Kinderfrau krank werden können oder Kindergärten von einem Tag auf den andern dichtmachen, weil eine ansteckende Krankheit kursiert. Seien Sie also nicht allzu kurzsichtig oder zu lethargisch, sondern stellen Sie rechtzeitig die Weichen und kümmern Sie sich um Einsatzkräfte. Legen Sie mit Ihrem Partner fest, inwiefern er oder Sie prinzipiell vom Beruf daheim bleiben können, wenn Sie oder die Kinder krank sind. Achten Sie darauf, dass nicht nur einer immer als »Feuerwehr« im Job zurücksteckt. Sie tragen die Verantwortung für Ihre Familie *gemeinsam*.

Sprechen Sie mit Freunden, Nachbarn oder Verwandten ab, wer im Notfall bereit ist, sich um die Kinder zu kümmern. Legen Sie das *konkret* fest. Verlassen Sie sich nicht auf unverbindliche Zusagen wie: »Wenn mal was ist, melde dich«, sondern besprechen Sie präzise, an welchen Tagen wer Zeit hat. So wissen Sie sofort, wer am entsprechenden Notfall-Tag am ehesten einspringen kann, und müssen nicht stundenlang organisieren.

Halten Sie Kontakt zu mehreren Babysittern. Das können Nachbarn sein, die das Babyphon übernehmen, während Ihr Kind schläft und Sie weg müssen, oder Schüler und Studenten, die sich gerne etwas dazuverdienen. Auch Großeltern, die weiter weg wohnen, sind oftmals willens und auch in der Lage, über mehrere Tage ihrer Großfamilie über die Runden zu helfen. Geben Sie Ihre Kinder auch im »normalen« Alltag zu den »Feuerwehr-Leuten« oder lassen Sie Ihre Nothelfer öfters ins Haus kommen. Je besser sich Kinder und Betreuer kennen, desto reibungsloser klappt die Obhut im Notfall.

In einigen Städten und Gemeinden gibt es Vereine (Nachbarschaftshilfe), die Babysitter und Leihopas vermitteln. Probieren Sie den Kon-

Checkliste für die Betriebsfeuerwehr

- Telefonnummern von Ihnen, Ihrem Partner oder anderen Betreuungspersonen
- Telefonnummer von Kinderarzt, Kinderklinik, Giftnotruf
- Rituale des Kindes (Essens- und Schlafzeiten, Essgewohnheiten, Teddy, Schnuller …)
- Allergien und chronische Krankheiten des Kindes
- Welche Medikamente nimmt Ihr Kind? Wann, wie viel?
- Wie lässt sich Ihr Kind am besten trösten?

takt schon zu »gesunden Zeiten« aus. Dann wissen Sie im Notfall, auf was Sie sich einlassen.

Bereiten Sie für Helfer, die Ihre Kinder und/oder Ihren Haushalt nicht regelmäßig sehen, eine »Checkliste für die Betriebsfeuerwehr« vor, die Sie z. B. neben dem Telefon aufbewahren.

Rufen Sie im Ernstfall so früh wie möglich Ihre Helfer an. Wenn Ihr Kind abends schon fiebert, Sie aber noch unsicher sind, wie es sich über die Nacht entwickelt, fragen Sie vorab schon mal eine Freundin oder Schwiegermutter, ob sie morgen einspringen könnte. Und verabreden Sie, dass Sie in der Früh anrufen, ob die Hilfe wirklich nötig wird oder Sie Entwarnung geben können. Das erleichtert Ihren Mitmenschen die eigene Tagesplanung. Sie können sich besser darauf einstellen.

PS: Wie hat Marita (vgl. S. 22) das Problem gelöst? Im Grunde ganz einfach: Ihr Mann konnte am ersten Tag Home-Office einschieben und für Dienstag und Mittwoch organisierte er von der Nachbarschaftshilfe eine Tagesmutter, die ins Haus kam.

Der schnellste Weg zu mehr Zeit: »Nein!«

Stress und Zeitdruck entstehen im privaten Alltag häufig, weil wir zu viele Aktivitäten ansammeln und den Fokus für das wirklich Wichtige aus den Augen verloren haben, weil oft Zusagen gemacht werden, ohne alle Termine und Vorhaben im Blick zu haben. Häufig stehen die Termine im Kalender, nicht aber die Zeitinseln.

Im Kapitel »Mit Leitsternen Prioritäten setzen« (S. 51) haben Sie bereits Anregungen für Ihre Entscheidung zwischen Wichtig und Unwichtig erhalten. Neben dem Schreiben Ihrer täglichen Konzepte lohnt es sich in regelmäßigen Abständen, einen frischen Blick auf Ihr Tun zu richten und Prioritäten grundlegend neu zu definieren. Denn wenn Sie wissen, was Ihnen derzeit wirklich wichtig ist, dann können Sie viel besser und vor allem mit größerer Überzeugungskraft »Nein« sagen.

Doch ein »Nein« kostet viele von uns Überwindung. Aus vielen Gründen bringen wir es oft nicht über die Lippen. Besonders Frauen fällt es oft schwer, Nein zu sagen. Offenbar sind sie getrieben vom Anspruch, es allen immer recht machen zu wollen und gehen dabei oft den Weg des vermeintlich geringsten Widerstandes. Sie muten sich Projekte zu, die ihnen nicht liegen und nehmen Termine wahr, die ihnen nichts bedeuten. Damit vergeuden sie wertvolle Lebenszeit und fressen ihren Frust darüber in sich hinein. Ziehen Sie die Notbremse, bevor sich zu viel Groll oder Druck aufstaut und Sie krank macht. Diese Bremse heißt »Nein«.

Manipulation durch Erwartungen anderer

Lassen Sie sich nicht manipulieren. Lernen Sie Situationen erkennen, in denen Sie unfreiwillig »Ja« sagen. Ziehen Sie sich mit einem klaren »Mit mir nicht« aus der Affäre.

Den inneren Widersachern auf der Spur

Nennen Sie es innerer Schweinehund, Selbst-Boykott oder Saboteure – etwas in Ihnen bestimmt maßgeblich, wie Ihr Leben verläuft. Es scheint zunächst leicht, seine Lebenssituation oder andere Menschen dafür verantwortlich zu machen, wie glücklich Sie sind. Aber lösen Sie sich von dem Gedanken, eine hilflose Marionette zu sein, die nach den Wünschen der anderen hüpft, springt oder still in der Ecke sitzt. Es ist **Ihr** Leben. Und Sie haben es in der Hand, ob Sie mit 80 Jahren zurückblicken und – unabhängig von Krisen, die jeder Mensch mitmacht – sagen können: »Ja, das war ein erfülltes Leben« oder »wenn ich doch noch mal leben könnte, ich würde alles anders machen.«

Heute ist der erste Tag vom Rest Ihres Lebens. Es lohnt sich, die eigenen Barrieren zu hinterfragen. Wenn Sie erkannt haben, was Sie hemmt, gewisse Sachen in Angriff zu nehmen, dann können Sie zumindest ab morgen die Dinge in die gewünschte Richtung lenken. Bühne frei für die Saboteure, die uns das Leben schwer machen:

Perfektus: Gut ist ihm nicht gut genug. Alles um ihn herum und er selbst müssen 100-prozentig perfekt sein. Die Perfektion vermittelt ihm ein gutes Gefühl, kostet allerdings viel Zeit und Kraft. Noch dazu, weil alle anderen um ihn herum nicht so hohe Ansprüche haben und er deren »Schlampigkeit« nur schwer ertragen kann. Deshalb macht Perfektus auch alles am liebsten selbst, denn dann ist es wenigstens so, wie er es sich wünscht.

Opferius: Opferius würde ja so gerne so vieles tun, aber andere Menschen und die Umstände hindern ihn daran. Er gefällt sich in der Opferrolle, und das Mitleid im Bekanntenkreis tut ihm gut. Das kann auf Dauer jedoch die Lebensfreude kaputt machen und Opferius riskiert, dass sich Familie und Freunde genervt abwenden.

Demonstrandus: Ja, es nervt, jeden Tag die gleichen Handgriffe im Haushalt machen zu müssen und dafür im Prinzip nie Lob oder Anerkennung zu bekommen. Klar, dass Demonstrandus, der wandelnde Vorwurf, Sie dazu bringt, nachts um 22 Uhr noch die Treppen zu bohnern. Dann sehen wenigstens alle, wie sehr Sie sich für Ihre Familie aufreiben. Aber leider wollen die Damen und Herren Partner und Kinder die vorwurfsvollen stummen Botschaften von Demonstrandus nicht vernehmen.

Blendaxius: Sie sind wirklich wie die strahlende Familie aus der Blendax-Werbung. Sie schaffen alles, haben wohlerzogene Kinder, bringen Ihre zahlreichen Hobbys, Freunde und einen Beruf locker unter einen Hut, und sehen dabei immer gut aus. Das ist zumindest das, was Blendaxius nach außen ausstrahlt. Wenn Sie sich auch so fühlen, wunderbar. Wenn Sie jedoch das Gefühl haben, eine Fassade mühsam aufrechterhalten zu müssen, dann ist es Zeit, etwas zu ändern. Pfeifen Sie Blendaxius zurück und holen Sie sich Hilfe.

Moralia: Moralia gibt viel auf das, was die anderen sagen. Wenn ihr Umfeld meint, nur Raben-Eltern geben ihre Kinder in eine Krippe, dann tut Moralia es nicht, weil sie keine Rabenmutter sein will. Dabei müssen die Leute dies nicht einmal laut aussprechen. Es reicht Moralia zu *glauben*, dass die anderen so denken. Beim geringsten Anzeichen von »Kritik« zieht sie sich bescheiden zurück.

Galoppus: Galoppus sprudelt über vor Ideen, doch er erreicht nur selten, was er will. Er neigt dazu, sich zu verzetteln, sich mitten ins Getümmel zu stürzen und irgendwann geht ihm die Luft aus. Hektik verstellt den Blick auf das Wesentliche. Da kann es sein, dass er vorschnell Ziele in Angriff nimmt, ohne das »Warum« zu klären.

Sklava: Sklava ist überzeugt, dass sie nichts kann, zu nichts taugt, überflüssig ist und deshalb bombt sie sich bis zur Selbstaufgabe mit Tätigkeiten zu, um zumindest ein bisschen Anerkennung zu erbetteln. Oftmals begründet Sklava das damit, dass sie von ihren Eltern nie gelobt wurde und immer Höchstleistungen bringen musste.

Haben Sie Ihre inneren Saboteure erkannt? Gut. Denn wenn Sie wissen, was Sie innerlich antreibt, dann können Sie diese »Fremd«-Bestimmung abschütteln und so handeln, wie Sie wirklich handeln wollen.

Machen Sie sich dazu regelmäßig klar, was Ihnen im Leben momentan wichtig ist (vgl. S. 23). Klare Ziele helfen Ihnen, sich selbstbewusst für oder gegen Angebote oder Bitten zu entscheiden.

Eine Mini-Analyse zu diesen Saboteuren mit konkreten Selbstmanagement-Tipps finden Sie unter **www.Kreative-Chaoten.com**.

Manipulation enttarnen

Manche Menschen verstehen sich perfekt darauf, uns so zu lenken, dass wir brav alles tun, was sie von uns wollen. Sie haben einen Sensor für unsere Ängste und Gewissensbisse. Manipulatoren treiben uns in ein »Ja« rein, weil sie – bewusst oder unbewusst – die richtigen Knöpfe bei uns drücken.

Das kann in Form eines Vorwurfs sein wie: »Nie hast du Zeit für mich!« Oder unsere Schuldgefühle werden angesprochen: »Ich tue immer alles für dich, aber wenn ich mal was von dir will, …«; aber auch die Form eines Lobes kann manipulieren: »Ich bin so froh, dass ich dich habe, auf dich kann ich wenigstens zählen, wenn mich alle anderen im Stich lassen und mir jetzt beim Umzug nicht helfen.«

Beobachten Sie sich in den nächsten Tagen, bei welchen »Knöpfen« Sie automatisch springen – das ist schon die halbe Miete.

Viele Menschen können beispielsweise Geschenke und Gefälligkeiten nicht annehmen, ohne eine Gegenleistung erbringen zu wollen. Manche Organisationen nutzen

dies aus. Sie verschicken Spenden-
appelle mit kleinen Geschenken
wie Adressaufkleber und bringen Sie dadurch in Zugzwang,
als Gegenleistung Geld zu geben.
Lassen Sie sich nicht manipulieren. Niemand ist gezwungen, Ihnen
etwas zu schenken! Erkennen Sie
eine solche Masche und sagen Sie
einfach »danke«.

**Wenn Sie lernen, ohne Schuld-
gefühle Nein zu sagen, werden Sie
plötzlich Zeit haben, von der Sie
bislang nicht zu träumen wagten.**
Ein einziges überzeugend ausge-
sprochenes »Nein« spart Ihnen
mehr Zeit als ausgefeilte Pläne,
teure Haushaltshelfer-Maschinen
oder schnelleres Arbeiten zusammen. Sie werden Entscheidungen mit Elan und Selbstvertrauen
fällen, ohne Angst vor Konsequen-
zen und ohne das Gefühl, mani-
puliert zu werden. Und Sie werden
merken, um wie viel einfacher Ihr
Umgang mit anderen Menschen
wird, wenn Sie selbst klare Vorgaben machen.

Was hält uns davon ab, »Nein« zu sagen?

Machen Sie sich klar: Jeder Mensch
hat ein Recht darauf, Nein zu
sagen. Wie oft schon haben Sie sich
gescheut, Bekannte oder Verwandte um einen Gefallen zu bitten, weil
Sie Angst vor einer Absage hatten?

Vorurteil 1: »Nein sagen ist egoistisch.«

Falsch. Wer unattraktive Angebote
ablehnt, hat mehr Zeit und Ener-
gie für wichtige Menschen. Wer
»Ja« aus dem Herzen sagt, steht mit
Freude hinter der Entscheidung.
Wer sich Auszeiten nimmt und die
Batterien lädt, kann mit mehr Elan
und Energie für andere da sein.

Vorurteil 2: »Ein Nein verletzt die Gefühle anderer.«

Falsch. Die meisten Menschen
akzeptieren Entscheidungen, die
aus fester Überzeugung getroffen wurden. Und Sie können jede
Bitte oder Forderung an Sie sogar

in einer Weise ablehnen, die der andere versteht. Viel eher verletzen Sie Ihre Mitmenschen, wenn Sie sich etwas aufhalsen und das dann nachlässig, halbherzig oder gar nicht erledigen. Es ist beinahe eine Ironie, aber wenn wir versuchen, uns immer überall lieb Kind zu machen, erwecken wir am Ende den Eindruck, wir seien unzuverlässig, achtlos oder unfähig.

Vorurteil 3: »Nein-Sager sind unbeliebt.«

Falsch. Ein »Nein« macht Sie wertvoll. Weil Ihre Mitmenschen darauf vertrauen können, dass Sie nur »Ja« sagen, wenn Sie auch »Ja« meinen und prinzipiell zu Ihren Zusagen stehen. Dann haben die anderen mehr Achtung vor Ihnen. Wer es immer allen recht machen will, wird nicht ernst genommen.

Vorurteil 4: »Ein Nein löst Konflikte aus.«

Falsch. Meist **denken** wir nur, der andere wäre dann sauer und tun

in vorauseilendem Gehorsam unnötige Dinge. Konflikte entstehen meist aus Missverständnissen. Also weil die Menschen nicht klar sagen, was sie meinen und was sie wollen. Und sollte tatsächlich jemand sauer sein, weil Sie zu einer Anfrage »Nein« sagen – dann sollten Sie sich überlegen, ob Sie dessen Gesellschaft nicht ohnehin besser meiden. **Wenn Sie lernen, Nein zu sagen, dann können Sie auch von anderen Menschen viel besser ein Nein akzeptieren.**

Es ist vollkommen in Ordnung, Nein zu sagen. Nehmen Sie deshalb ein Nein nicht persönlich, wenn Ihnen jemand eine Bitte verwehrt. Freuen Sie sich stattdessen, wenn andere Nein sagen. Denn das zeigt Ihnen, dass der andere sich traut, Anfragen abzulehnen, wenn er nicht kann. Solche Menschen können Sie eher und häufiger um einen Gefallen bitten, weil Sie nicht befürchten müssen, ein unreflektiertes Ja zu bekommen, eine Zusage, die nicht erfüllt werden kann.

Mit »Nein« den Alltag entzerren

Gehen Sie bewusst über Ihren Kalender und Ihren Bekanntenkreis und sortieren Sie aus, welche Aktivitäten oder welche Menschen Ihnen momentan einfach nicht so wichtig sind, als dass Sie Zeit dafür investieren wollen.

Mit einer Familie verändern sich auch die Bedürfnisse und es ist völlig legitim, sich von alten Gewohnheiten zu trennen.

Nein zu Beziehungen

Freunde und Verwandte sind wichtig. Mit ihnen verbringen wir fröhliche Stunden und in Krisen stärken wir uns gegenseitig den Rücken. Aber es gibt in unserem Umfeld auch Menschen, die sehr viel Zeit binden und ein schlechtes Gefühl hinterlassen. Menschen, die Sie als Seelen-Mülleimer missbrauchen. Menschen, die nur von sich reden und sich kein bisschen für Sie interessieren. Oder Menschen, denen Sie eigentlich nichts mehr zu sagen haben.

Wenn Sie das Gefühl haben, Sie verbringen zu viel Zeit mit anderen, dann setzen Sie (in Absprache mit dem Partner) Prioritäten. **Treffen Sie sich ab sofort nur mehr mit Menschen, mit denen Sie gerne Ihre Zeit verbringen.** Alle anderen müssen derzeit – bis Sie wieder mehr Muße haben – eben zurückstecken. Lassen Sie unliebsame Kontakte »einschlafen« oder machen Sie bewusst zwischen den Treffen größere Pausen. Biegen Sie allzu häufige Familientreffen ab oder lassen Sie Partner und Kinder alleine hingehen. **Beschränken Sie Dauertelefonate. Halten Sie bewusst immer wieder Abende und Wochenenden frei von »sozialen Pflichten«.**

Nein zu Gewohnheiten

Vieles bürgert sich im Laufe der Zeit ein: z. B. Sonntag mittags die Eltern zum Essen zu besuchen – und jetzt halten Sie daran fest, obwohl Sie und Ihr Partner viel lieber wenigstens einmal in der Woche ausschlafen und faulenzen würden. Aber vor lauter Angst, die Eltern könnten beleidigt sein, trauen Sie sich nicht, diese Gewohnheit aufzugeben. Oder vielleicht haben Sie es schon versucht, und dreiwöchige Funkstille war das Ergebnis, bis Sie um des lieben Friedens willen wieder klein beigegeben haben.

Ja, es ist schwierig, Gewohnheiten abzustellen. Das Schöne ist jedoch: Wenn Sie bewusst Ihre Entscheidung treffen, dann stärkt Ihnen das den Rücken, Durchhaltevermögen zu zeigen. Bleiben Sie eisern. Ich weiß, das kann viel Kraft kosten, und die Anrufe von Müttern und Vätern: »Du meldest dich ja gar nicht mehr«, stellen uns hier auf eine harte Bewährungsprobe. Aber dieser Kraftaufwand lohnt sich.

Nein zu Hobbys und anderen freiwilligen Aktivitäten

Terminstress entsteht häufig, weil wir im Laufe der Jahre zu viele Aktivitäten angefangen und keine beendet haben. Natürlich machen Hobbys, Ehrenämter und Weiterbildung Spaß. **Aber wenn Sie das Gefühl haben, Sie kommen vor lauter Terminen nicht mehr zum Leben, dann ist es an der Zeit, auch hier Prioritäten zu setzen.** Wägen Sie den Nutzen einzelner Aktivitäten gegen Ihren »Einsatz« ab – auch im Gespräch mit Ihrem Partner, wenn er viele Verabredungen trifft. Was bringt es mir – was kostet es mich? Ihre inneren Widersacher werden Ihnen vermutlich die Entscheidung schwer machen wollen, denn **Blendaxius** sagt: Hey, alle sollen doch glauben, das schaffst du alles locker«, **Moralia** wispert: »Du kannst doch die alten Kumpels nicht im Stich lassen«, und **Sklava** schluchzt: »Wenn ich kein Ehrenamt mehr mache, bin ich ja noch unwichtiger. Denn es tut gut, für freiwillige Arbeit geliebt und gelobt zu werden.« Hören Sie auf sich und sortieren Sie aus. Es muss ja nicht für immer sein.

Stress durch die Aktivitäten der Kinder

Unterziehen Sie die Aktivitäten Ihrer Kinder einem kritischen Blick. Viele sind derart mit »Freizeit«-Terminen verplant, dass sie ernsthafte Anzeichen von Stresserkrankungen zeigen. **72 Prozent der deutschen Grundschulkinder im Alter von sieben bis elf Jahren klagen über Stresserfahrungen.** Sie leiden an physischen Stresssymptomen, wie Kopf- und Bauchschmerzen, und psychischen Stresssymptomen, wie Ängsten, aggressivem Verhalten, Erschöpfung; viele schlafen schlecht, stellten Forscher der Universität Bielefeld fest. **Treten Sie auf die Bremse. Sorgen Sie für Erholungszeiten und unverplante Freiräume.** Zeiten zu Hause, in denen die Kinder trödeln und vor sich hinträumen können, sind für ihre Entwicklung nötig. Sie kommen zur Ruhe und entwickeln Erfindungsgeist und eigene Ideen. Das haben sogar die Kinder selbst erkannt. In einer Umfrage der Zeitschrift Eltern for Family gaben 78 Prozent der befragten Sechs- bis Zwölfjährigen in den alten Bundesländern an (neue Bundesländer: 69 Prozent), sie wünschten sich mehr Zeit zum Spielen und viel mehr Freiräume.

Kinderterminkalender abspecken

Nehmen Sie diesen Wunsch der Kinder zum Anlass, Ihr eigenes Engagement zu überdenken. Aus lauter schlechtem Gewissen, nicht alles für die lieben Kleinen zu tun

»*Ich wünsche mir, dass mir meine Eltern mehr zutrauen und ich mehr selbst machen darf.*« Aussage von Kindern in einer Studie

oder als »Ausgleich« dafür, dass Mama und Papa in der Arbeit sind und »keine Zeit« für ihre Kinder haben, verwöhnen viele Eltern ihren Nachwuchs mit zu viel Spielsachen, bestücken Grundschüler mit einem iPhone und kochen für jedes Familienmitglied jeden Tag das jeweilige Wunschessen. **Lösen Sie sich auch vom grassierenden gesellschaftlichen Druck, Kinder so früh und vielseitig wie möglich zu fördern.** Auch wenn »Tiger-Mamas« ihre Zöglinge mit drei Monaten zum Schwimmen bringen, mit einem Jahr zum Geigenunterricht schleppen und Fremdsprachenkurse besuchen, damit sie kleine Genies heranziehen – was wollen *Sie selbst*? **Bewahren Sie Ihre Kinder davor, sie überzubehüten. Kinder brauchen zum Großwerden Risiken:** Abenteuer, Kletterbäume, Bereiche, auf die die »Helikopter-Eltern« keinen Zugriff haben. Vereinbaren Sie mit Ihrem Kind mindestens einen freien Nachmit-

tag pro Woche und entscheiden Sie gemeinsam, welche Aktivitäten gestrichen werden. Positiver Nebeneffekt: Auch Sie gewinnen einen freien Nachmittag, ohne Termindruck bestimmt ist.

Ein »Nein« charmant verpacken

Sie haben sich bereits das Rüstzeug angeeignet, »Nein« sagen zu wollen. Erlernen Sie jetzt noch Techniken und Formulierungen, mit denen Sie – gegenüber Erwachsenen aber auch gegenüber den eigenen Kindern – ein »Nein« geschickt und einfühlsam meistern können. Vertrauen Sie auf Ihren gesunden Menschenverstand, wann Sie mit welcher Strategie am besten fahren.

Zeit gewinnen

Lassen Sie sich von Anfragen nicht überrumpeln, sondern geben Sie sich etwas Bedenkzeit. Entgegnen Sie Ihrem Gesprächspartner z. B. »Ich muss erst in meinem

Zehn Tipps gegen Kinder-Stress

- Bündeln Sie Termine und schaffen Sie dadurch komplett terminfreie Tage oder auch Nachmittage.

- Lassen Sie Hausaufgaben vor Beginn der Freizeitaktivitäten erledigen.

- Vereinbaren Sie eine maximale Dauer, in der die Hausaufgaben erledigt sein sollen. Bieten Sie gegebenenfalls Hilfe an. Das verhindert Trödelei und schafft zusätzlich Freizeit.

- Können Ihre Kinder die gleichen Hobbys machen wie deren Freunde? Perfekt! Dann können die Kinder ohne zusätzliche Verabredung vor- oder nachher zusammen spielen. Und die Eltern wechseln sich im Fahrdienst ab.

- Suchen Sie Freizeitaktivitäten in der Nähe. Das spart Wegezeiten und sobald Ihr Kind älter ist, kann es alleine gehen oder radeln.

- Genehmigen Sie neue Aktivitäten nur, wenn alte gestrichen werden. Gehen Sie selbst mit gutem Beispiel voran!

- Überprüfen Sie regelmäßig, ob die Kinder noch Lust zu ihren Hobbys haben. Bei chronischer Unlust – abmelden.

- Streichen Sie behutsam Termine, zu denen Ihr Kind keine Lust hat (unerwünschte Einladungen, unwichtige Schulveranstaltungen), ohne es zum Ich-tu-nur-was-ich-will-Egomanen zu machen.

- Üben Sie Entspannungstechniken wie z. B. den »Indianer-Schrei« oder den »Sprung in die Wachheit« (vgl. S. 71)

- Machen Sie ein Schlafanzug-Wochenende – und genießen Sie das gemeinsame Faulenzen.

Kalender nachschauen, ich melde mich wieder«, »Ich möchte das mit meinem Partner abstimmen«, »Lassen Sie mich darüber nachdenken. Ich rufe Sie in einer Stunde zurück«. Rufen Sie dann **zuverlässig** zurück und sagen Sie höflich und klar »Nein«, ohne weitere Begründung. Die Bedenkzeit und das zuverlässige Zurückrufen machen Ihre Absage weniger schroff.

Vertrösten

Zeigen Sie dem Bittsteller, dass Sie gerne für ihn da sind, nur eben im Moment und für die kommenden Tage oder Wochen nicht. Die Antwort: »Das passt im Augenblick gerade nicht«, stellt schon so manchen Fragesteller zufrieden. Meist lässt dieser seine Bitte dann fallen. Falls er insistiert, wann Sie denn dann für ihn Zeit haben, setzen Sie eine Leerformel drauf »Ich fürchte, das kann ich jetzt nicht sagen.« oder: »Ich gebe Bescheid, wenn ich das einschätzen kann. Darauf können Sie sich verlassen.«

Den anderen wertschätzen

Das ist ein reizvolles Angebot!«, »Mit keinem würde ich das lieber machen als mit Ihnen.« Würdigen Sie den Fragesteller und sein Anliegen mit einem Satz der Anerkennung. Machen Sie aber deutlich, dass Ihre Kräfte derzeit anderweitig so stark gebunden sind, dass Sie zu diesem schönen Projekt leider »Nein« sagen müssen. Erklären Sie dabei nicht, was das andere ist und warum es wichtiger ist. Das kann zu Rechtfertigungszwang, Widerspruch und Streit führen.

Grundsatzerklärung

So etwas mache ich prinzipiell nicht. Menschen verkraften Absagen leichter, wenn sie wissen, dass es nicht persönlich gemeint ist, sondern grundsätzlich gilt. »Ich kaufe grundsätzlich nichts an der Tür.« »Wir essen in unserer Familie immer am Freitagabend gemeinsam und dieses Ritual ist uns heilig«, »Ich verleihe grundsätzlich kein Geld.«

Dumm stellen

Viele Menschen versuchen mit indirekten Anfragen oder Jammereien Unterstützung zu bekommen. Zeigen Sie Verständnis, aber lassen Sie sich nicht unter Druck setzen. Interpretieren Sie in die Aussage des anderen nichts hinein, sondern bleiben Sie bei dem, was der Bittsteller wörtlich gesagt hat. Niemand zwingt Sie, den »Wink mit dem Zaunpfahl« zu verstehen!

Klare Ansage

»Hm … nein.« Letztlich die beste Methode. Wenn Sie Nein meinen, sagen Sie es auch, mit einer kleinen Pause davor, die Nachdenken und Verständnis für den anderen signalisiert. Sagen Sie das »Nein« mit fester Stimme und Blickkontakt, sonst wirkt es so, als wäre noch Verhandlungsspielraum. Fügen Sie keine Begründung an, sonst ermuntern Sie den anderen zu einer Diskussion. Eine klare Antwort erspart späteren Ärger und Ihnen selbst eine Phase unentschiedenen Wankelmuts. Vorteil: Sie vermeiden Missverständnisse und sind für den anderen klar einschätzbar. Ihr Kopf wird für neue Ideen und Vorhaben frei.

Dem »Nein«-Sagen aus dem Weg gehen

Manchmal können Sie einem »Nein« auch aus dem Weg gehen, indem Sie sich den Situationen, in denen Ihnen ansonsten ein »Ja« abgerungen wird, gar nicht erst aussetzen. Schaffen Sie Prinzipien, an die Sie sich konsequent halten (nie Süßigkeiten an der Supermarktkasse kaufen, keine Waschtage außer der Reihe). Das erzieht Ihre Mitmenschen dazu, gar nicht erst zu fragen.

Oder reden Sie mit besonders fordernden Menschen nicht über Ihre Freizeiten. Informationen zurückhalten ist in diesem Fall eine gute Methode, sich Freiräume zu schaffen und zu bewahren. Und außerdem kann Ihr Anrufbeantworter Sie zusätzlich abschotten.

Tipp: Neinsagen, aber wie?

- Bedenkzeit erbitten: Erklären Sie, dass Sie morgen zurückrufen, und im Kalender nachsehen oder sich mit dem Partner absprechen wollen. Legen Sie sich die Antwort zurecht und rufen Sie zum vereinbarten Zeitpunkt zurück oder geben Sie Bescheid.
- Vertrösten: Sie sind noch nicht entschieden, dann sagen Sie auch nicht zu. Ihre ehrliche Meinung können Sie am besten vertreten.
- Höfliche Absage: Den Bittenden wertschätzen: »Wie gern hätte ich das mit Ihnen erlebt, aber bin ich an diesem Abend vergeben.«
- Wankelmut vermeiden: Entscheiden Sie sich für Ja oder Nein und bleiben Sie dabei! Äußern Sie sich mit fester und klarer Stimme in einem eindeutigen Satz. Blicken Sie die bittende Person fest an. Stellen Sie sich dabei vor, was Sie stattdessen vorhaben, dann gelingt es besser, weil Sie mehr Überzeugungskraft haben.
- Grundsatzerklärung als Ausrede: »So etwas mache ich aus Prinzip nicht.« Regeln, Gewohnheiten als »höhere Instanz« heranziehen.
- Tränendrüsenmethode: Bittsteller, die auf die Tränendrüsen drücken und Mitleid erbitten, klar zurückweisen und ablehnen. Nicht noch einmal anrufen lassen. Dann werden Sie nur einmal belästigt.
- Informationen zurückhalten, wenn Sie sich Freiräume schaffen wollen. Wenig über sich selbst erzählen.
- Situationen für das »Ja« meiden, dann können Sie dem Ja aus dem Weg gehen. Bei manchen Personen bewusst nicht nur verbieten, sondern auch gelegentlich Ja sagen. Wenn Sie öfter Bitten abwehren, wird Ihr »Ja« umso mehr geschätzt und immer wertvoller.

Übung: Ursachenforschung

Ja sagen

Sagen Sie doch mal öfter »ja«. Erleichtern Sie sich das Leben, indem Sie beispielsweise gegenüber Ihren Kindern Ihre »Neins« dosiert einsetzen. Wägen Sie kurz ab, ob ein »Nein« in dieser Situation Sinn macht. Bevor Sie automatisch ausrufen »Nicht durch die Pfütze laufen«, überlegen Sie »warum eigentlich nicht?« Erlauben Sie manches ausdrücklich und Ihr Kind wird lernen: »Mami und Papi sagen nicht unüberlegt »Nein«, sondern nur, wenn es zu meinem Besten ist.« Damit akzeptiert es andere »Neins« besser.

»Nein« zum üblichen Weihnachtsrummel

Statt »Stille Nacht« ist in den meisten Familien zu Weihnachten Großkampf angesagt. Entweder sie haben das Haus voll mit Gästen oder sie hetzen von einem Familien-Event zum anderen. Klären Sie grundsätzlich mit Ihrem Partner, wie Sie in Ihrer Familie Weihnachten feiern wollen. Leicht gesagt – denn die meisten Paare haben hier sehr unterschiedliche Vorstellungen.

Finden Sie einen Kompromiss, der den Wunsch nach »großem

Familienfest« oder »beschaulicher Besinnung« berücksichtigt. Das kann auch heißen, dass Sie in einem Jahr Familien-Hopping betreiben, und im kommenden Jahr mit der Kernfamilie (Eltern und Kinder) alleine sind. Teilen Sie Ihre Pläne frühzeitig (Schwieger-)Eltern und Geschwistern mit, damit diese selbst Pläne schmieden und sich darauf einstellen können. Planen Sie für die Feiertage eine gesunde Anzahl von Aktivitäten ein (nicht jeden Tag verplanen!) und genießen Sie ansonsten das Trödeln unterm Weihnachtsbaum. Sehen Sie Einladungen zum großen Familienessen als Entlastung: schließlich müssen Sie dann nicht einkaufen, herrichten, kochen, aufräumen. Und wenn es Ihnen ganz ruhig am liebsten ist, dann bitten Sie für dieses Jahr einfach um eine Auszeit. Das Familientreffen kann ja auch im Frühling zu Ostern oder an einem der langen Frühsommerwochenenden, zu Himmelfahrt oder Pfingsten stattfinden.

Die Vorweihnachtszeit entschleunigen

Sagen Sie Weihnachtsfeiern ab, die Ihnen nichts bedeuten. Verzichten Sie auf den Austausch unnützer und teurer Präsente. Auch bei Spontangeschenken von anderen Menschen gilt: Bedanken Sie sich, fühlen Sie sich aber nicht zu einer Gegenleistung verpflichtet. Nur so lässt sich die drohende Geschenkspirale beenden.

Schenken Sie gemeinsame Zeit. Karten für ein Konzert, ein Tag im Museum, ein Wellnesswochenende – all das ist mehr wert als ein Gegenstand, der herumsteht.

Schenken Sie nur den Kindern etwas – und zwar das, was auf ihrem Wunschzettel steht. Erwachsene und Kinder untereinander schenken sich nichts.

Die neue Fastenzeit

Ursprünglich war die Adventszeit eine Fastenzeit. Machen Sie an den vier Adventssonntagen doch eine

»Diät« – und verzichten Sie auf Fernsehen und tauschen Sie elektrisches Licht gegen Kerzenschein. Oder machen Sie einfach jeden Tag zur Dämmerstunde das Licht aus. Auch PC, Playstation und Fernsehen aus. Zünden Sie eine Kerze an, trinken Sie Tee, singen Sie oder lesen Sie sich Geschichten vor.

»So wünsche ich mir den Heiligen Abend«

Klären Sie die Erwartungen an ein schönes Weihnachten in Ihrer Familie. Hängen Sie Anfang Dezember ein großes Blatt Papier auf mit der Überschrift »So wünsche ich mir den Heiligen Abend«, und stellen Sie ausreichend Stifte davor. Dort sammelt sich wie von selbst, was am Heiligen Abend gemacht und was vermieden werden sollte, weil die Vorschläge des einen meist mit Bemerkungen von anderen versehen werden. In der Woche vor Weihnachten werten Sie gemeinsam aus und planen dann so, dass für jeden etwas dabei ist.

Tipp: Ideensammlung für Weihnachten

Alle Gäste helfen, Weihnachtsbaum zu schmücken.

ein Fünf-Gänge-Essen, zu dem jeder etwas beiträgt

verlosen, wer die Weihnachtsgeschichte vorliest

kein einziges Geschenk

NUR GESCHENKE BIS 10 EURO

nur Geschenke, die sich verbrauchen

Fotos von früher anschauen

nur selbst gemachte Geschenke

Jeder bäckt ein Plätzchen-Rezept.

das Licht der Weihnacht, elektrisch und bunt

GEMEINSAM MEHR ERREICHEN

Beziehen Sie ab sofort alle »Mitarbeiter« Ihres Unternehmens Familie in das tägliche Tun mit ein.

GEMEINSAM STATT EINSAM! Ja, in einer Familie fallen viele Aufgaben und Verpflichtungen an und naturgegeben hängt ein Großteil davon an »Mom in chief« (oder »Dad in chief«). Doch es lohnt sich für Sie als Familien-Coach, die To-Dos Ihres privaten Alltags erneut kritisch unter die Lupe zu nehmen und einen Großteil der Aufgaben zu delegieren: innerhalb der Familie oder auch an Helfer von außerhalb. Sorgen Sie mit klaren Entscheidungen und mit einer guten, zielgerichteten Kommunikation dafür, dass Ihre Wünsche auch richtig verstanden und umgesetzt werden.

Finden Sie mit Ihren Lieben eine Form der Arbeitsteilung und des Teamworks, die Raum schaffen für schöne Erlebnissse und etablieren Sie eine neue »Danke-Kultur«.

Ziehen Sie an einem Strang – das Leben ist zu kurz, um über Haushalts-Dinge zu streiten.

Eine Schneise in den Aufgabendschungel schlagen

Wenn ein Familienmitglied sich auf Dauer zu stark belastet fühlt, *können*, ja *müssen* Sie etwas an der Arbeitsteilung ändern. Wer Sie dabei in welchem Ausmaß unterstützen kann, hängt von mehreren Faktoren ab, z. B.:

- familiäre Situation (Alter der Kinder, alleinerziehender Elternteil, kranker Partner),
- berufliches Engagement der Erwachsenen,
- Zeitaufwand für Pflege anderer Familienangehöriger,
- Rollenverständnis der Erwachsenen (Ernährer, Erzieher, gleichwertige Partner),
- finanzielle Situation,
- Infrastruktur am Wohnort, Verwandte oder Freunde in der

Nähe und damit verbundene Betreuungsmöglichkeiten. Diese Umstände beeinflussen, *wie* Sie eine Schneise in Ihren Aufgabendschungel schlagen, sind aber kein Hindernis. Im Klartext: Auch wenn Sie wenig Geld, keine Verwandte am Ort und einen patriarchalisch veranlagten Partner haben – jeder kann Familienaufgaben an Dritte außerhalb vergeben.

Vor der Hilfe steht das Fragen

Gut, sagen Sie jetzt vielleicht, ich habe ja schon x-mal meinen Partner, meine Kinder oder andere Menschen um Unterstützung gebeten. Aber am Ende blieb doch alles an mir hängen. Wenn andere nicht so wollen wie Sie, dann kann das auch daran liegen, dass Sie nicht die »gleiche Sprache« sprechen.

> *»Die Sprache ist die Quelle aller Missverständnisse.«*
> Antoine de Saint-Exupéry

So gelingt Ihre Bitte um Unterstützung:

- Etwas Wichtiges nicht zwischen Tür und Angel abhandeln, sondern den passenden Zeitpunkt wählen,
- für das Sach-Ohr genau beschreiben, um was Sie bitten,
- ohne Rechtfertigung fragen,
- bitten – nicht befehlen, das ermöglicht eine Entscheidung,
- die richtigen Worte wählen: »würdest du bitte« statt »könntest du« oder »kannst du …«

Viele Menschen – besonders die »Hanny Herzlichs« – tun sich schwer, eigene Bedürfnisse auszusprechen. **Weil sie selbst intuitiv ein Gespür für die Bedürfnisse anderer Menschen haben und sie erfüllen, wann immer sie können, nehmen sie an, das müsse auch umgekehrt so sein.** Sie gehen davon aus, dass die Mitmenschen ihnen freiwillig Hilfe anbieten und fressen ihren Frust über die vermeintliche Lieblosigkeit anderer in sich hinein. Allerhöchstens verstecken sie ihre Wünsche hinter schwammigen Andeutungen. Wenn der Partner den Wink mit dem Zaunpfahl nicht spürt, ist die Krise programmiert.

»Stille Hilferufe« funktionieren jedoch meistens nicht. Machen Sie es sich deshalb zur Gewohnheit **ausdrücklich und in deutlichen Worten zu fragen**. Fragen kostet nichts – außer am Anfang ein bisschen Überwindung. Seien Sie nicht zu bequem, zu stolz oder zu schüchtern, um eine Bitte auszusprechen. Erleben Sie, wie Sie mit simplen Fragen positive Reaktionen bekommen – je öfter Sie fragen, desto häufiger bekommen Sie ein »Ja«. Das ist ein Gesetz der Wahrscheinlichkeit. Natürlich werden Sie auch viele »Neins« bekommen. Nehmen Sie es hin und suchen Sie nach anderen Lösungen.

Das Vier-Ohren-Modell

Oftmals tun Menschen nicht das, was wir gesagt haben, weil bei ihnen eine ganz andere Botschaft angekommen ist. Das hat nichts mit Unwillen zu tun, sondern mit den verschiedenen Ebenen der Kommunikation. Miteinander reden bedeutet: etwas sagen **und** zuhören. Friedemann Schulz von Thun hat dafür ein praktisches Modell entwickelt: das Vier-Ohren-Modell. Wenn Sie einen Satz hören, können Sie ihn auf vier unterschiedliche Weisen wahrnehmen: mit einem der vier Ohren.

Auf der ersten, rein sachlichen Ebene hören wir mit dem **Sach-Ohr** nicht mehr und nicht weniger als die wortwörtliche Aussage des Satzes, z. B. »Die Spülmaschine ist fertig.« Viele Menschen reagieren auch nur auf diese Mitteilung, etwa: »Ja, stimmt.« Das heißt, sie verstehen die möglicherweise hinter der Aussage versteckte Bitte, das Geschirr wegzuräumen, nicht. Oder sie wollen sie nicht verstehen, weil das ihre Form des Neinsagens ist. Mit dem **Selbstmitteilungsohr** versucht der Hörer zu interpretieren, was der Sprecher über sich selbst mitteilt: Hat er gute oder schlechte Laune? Brummelt er, weil er eine Aufgabe übernehmen soll und bedeutet das, er übernimmt sie nur widerwillig? Mit dem **Beziehungsohr** hören wir heraus, wie die Beziehung zwischen dem Sprecher und uns ist: Mag er uns, freut er sich, dass wir (!) anrufen. Mit dem **Appell-Ohr** hören wir (manchmal zu Unrecht) eine Aufforderung,

> *Bittet, so wird Euch gegeben. Suchet, so werdet Ihr finden. Klopfet an, so wird Euch aufgetan.*
>
> Jesus in der Bergpredigt Mt 7,7

einen Appell, aus einer Bitte heraus, die der Sprecher an uns richtet. Richten Sie Ihre Aufmerksamkeit künftig darauf, auf welchem Ohr Ihre Frage wohl beim anderen ankommt – und formulieren Sie entsprechend, dass Ihr Wunsch deutlich wird. Prüfen Sie auch, auf welchem Ohr bei Ihnen die Reaktionen des anderen ankommen. Vielleicht brummelt der andere nur, weil er gerade Stress im Büro hatte. Versuchen Sie nur das zu hören, was der Partner oder die Partnerin sagen wollte, und interpretieren Sie nicht zu viel hinein. Vermeiden Sie Missverständnisse, indem Sie hinterfragen: »Habe ich dich richtig verstanden, dass …?« Achten Sie vor allem auch darauf, eine Bitte zu formulieren und keine Frage. Auf Ihre Wortwahl. »*Kannst du bitte die Einfahrt fegen?*«, antworten vor allem Kinder »später« oder »Nein »! Sagen Sie hingegen zu Ihrem Kind: »Bitte geh jetzt die Einfahrt fegen!«, dann ist das eine klare Aufforderung.

Das »Wer-macht-was-bei-uns«-Spiel

Verschaffen Sie sich einen Überblick, wie die Arbeit in Ihrem Familienalltag tatsächlich verteilt ist. Spielen Sie dazu das Spiel »Wer macht was bei uns?« Verteilen Sie Papier und Stifte an jeden. Beziehen Sie auch kleine Kinder mit ein, denn die sehen viele »Arbeiten«, die Ihnen gar nicht bewusst sind. In diesem Fall notieren Sie eben für die Kleinen mit.

Ziel des Spiels ist es

● Klarheit über die tatsächliche Arbeitsverteilung schaffen,

● einen fairen Familien-Plan erstellen.

Zunächst schreibt jeder auf, welche Aufgaben er ohnehin schon übernommen hat. Und zwar nicht nur Jobs im Haushalt, sondern alle Tätigkeiten, die allen zugutekommen, z. B.: Laptops in Schuss halten, Winterreifen wechseln, Urlaub buchen. Reden Sie dann über die Notizen und ergänzen Sie die

Listen um Jobs, die Ihnen zusätzlich einfallen. Viele erkennen bei diesem Spiel, dass auch die anderen viel für die Familie tun. Mit diesem Wissen gehen sie jetzt entspannter ihren Aufgaben nach. Meist tun die Frauen mehr im Haus und die Männer mehr ums Haus, aber jeder investiert Zeit und bringt sich ein, und das ist es doch, was zählt.

Die Familie als Team

Überlegen Sie nun gemeinsam, wie einzelne Personen entlastet werden können. Machen Sie ein Brainstorming, welche Aufgaben Sie gemeinsam als Team in der Familie erledigen wollen, welche Ämter einzelne Mitglieder übernehmen (Delegieren) und welche Sie besser an Dritte vergeben, um Streit zu vermeiden (Outsourcen). Nutzen Sie die Familienkonferenz, um ein gerechtes Arbeitszeitmodell zu entwerfen. Beachten Sie bei der Aufgabenverteilung, wer die meiste Zeit zu Hause verbringt und entsprechend mehr in den eigenen vier Wänden tun kann.

Erstellen Sie gemeinsam eine Art Einsatzplan für die ganze Belegschaft, indem jeder zunächst sagen darf, welche Aufgaben er ab jetzt *freiwillig* in der Familie übernimmt. Viele Eltern wundern sich bereits an dieser Stelle, wie hilfsbereit Kinder und Partner plötzlich sind. Der Unterschied: Früher schrieb Mami oder Papi vor, wer was zu tun hat, jetzt darf jeder selbst mitgestalten und fühlt sich ernst genommen.

Gesunde Mischung aus Spaßbringern und Murr-Jobs

Ergänzen Sie diese freiwilligen Aufgaben um unbeliebte Jobs. Vereinbaren Sie dafür ruhig ein rotierendes Prinzip, sodass jede Woche jemand anderes für Müll oder Altpapier zuständig ist. Es ist ein gutes Rüstzeug für später, wenn Ihre Kinder auch Arbeit übernehmen.

Oft delegiert die Chefin an die Kinder, aber auch den Partner nur öde Handlangerdienste: Tisch decken, Getränke holen, Müll wegbringen. Das frustriert. Beziehen Sie doch die Kinder beim Tisch dekorieren oder Kochen *wirklich* mit ein. Geben Sie ihnen das Gefühl, dass sie selbst das Essen machen und Sie lediglich dabei helfen.

Verantwortung übertragen

Notieren Sie, wer jeweils für welche Arbeit die Verantwortung übernimmt. Wichtig dabei: Klären Sie deutlich, ob eine Person die Tätigkeit selbstverantwortlich macht (die Aufgabe an ihn delegiert wird) oder ob sich die Familie diese Aufgabe teilt (Arbeitsteilung).
Viele Probleme entstehen schon hier, weil die einzelnen Familienmitglieder unterschiedliche Auffassungen haben und aneinander »vorbeireden«.
Auch kleinen Kindern können Sie nach und nach Aufgaben übertragen. Eltern, die ihre kleinen Kinder immer nur bedienen, brauchen sich nicht wundern, wenn sie bei einer Bitte um Hilfe nur Meuterei ernten. Wer von klein auf mithelfen darf, lernt fürs Leben, stärkt sein Selbstbewusstsein und leidet nicht unter der »Wohlstandsverwahrlosung«. Nachwuchs, der nur mit dem neuesten Spielzeug überhäuft und vor dem Fernseher geparkt wird, vermisst diese gemeinsame Alltagszeit mit den Eltern und hat kaum Chancen, in ein realitätsbewusstes Leben hineinzuwachsen. Beobachten Sie, was Ihre Kinder können und erweitern Sie ständig ein wenig die Mitarbeit.

Konkrete Anleitung geben

Geben Sie Ihren Mitarbeitern präzise Anleitungen, wie und mit welchen Hilfsmitteln eine Aufgabe nach Ihren Vorstellungen zu erledigen ist. Für Kinder ist der Satz »Räum dein Zimmer auf!«, zu ungenau. **Machen Sie am Anfang die Aufgabe gemeinsam und sagen Sie konkret, was zu tun ist.**

Hänge die Kleider in den Schrank, bringe benutztes Geschirr in die Küche und stelle es in die Spülmaschine, bette dein Bett auf, wie ich es dir zeige. Super sind dabei auch schriftliche Checklisten – ganz nach dem Vorbild von Piloten (Checklisten S. 50).

Vertreter bestimmen
Schreiben Sie auf wer einspringt, wenn jemand krank ist oder aus anderen Gründen die Aufgabe nicht erledigen kann. Der Notnagel müssen nicht Sie sein.

Anfangen und konsequent bleiben

Fangen Sie sofort an, Ihren neuen Plan umzusetzen, und lassen Sie konsequent die anderen mit-arbeiten. Auch wenn es Sie in den Fingern juckt, der Tochter die Schuhe aus der Hand zu nehmen und selbst schnell zu putzen – tun Sie es nicht. Sie untergraben damit jegliche Motivation. Oder wie würden Sie sich fühlen, wenn immer jemand hinter Ihnen steht und Ihnen das Gefühl vermittelt: »Ich kann das schneller, gib mal her«? Nach der Anfangseuphorie finden Kinder die tollsten Ausreden, warum sie nicht helfen können. Bis hin zu der Aussage, dass Kinderarbeit in Europa verboten ist. Zeigen Sie Verständnis für lustlose Phasen, aber geben Sie nicht nach. **Motivieren Sie und überlisten Sie gemeinsam den »inneren Schweinehund.«** Erzählen Sie, dass Sie auch manchmal »null Bock« haben und seien Sie ein Vorbild.

> *Die Kindheit ist keine Warteschleife fürs Erwachsenenleben, sondern die Vorbereitung darauf.*
>
> Anonym

Hiermit werden kleine Helfer gerne groß

- **Kleinkinder** können
  - leichtere Dinge holen und wegbringen,
  - sich (teilweise) anziehen,
  - einfache Botschaften ausrichten (»Essen kommen«).
- **Kinder ab 6 Jahren** können
  - Zimmer aufräumen,
  - Waschbecken ausputzen,
  - Tisch decken und abräumen,
  - Spülmaschine einräumen,
  - kleinere Einkäufe nach Liste erledigen,
  - Haustier füttern und beim Stall sauber machen helfen.
- **Kinder ab 12 Jahren** können
  - einfache Mahlzeiten selbst zubereiten,
  - eigenständig das Wäsche-Waschen übernehmen,
  - für bestimmte Anlässe selbst einkaufen gehen,
  - Familieneinkauf mit Liste übernehmen,
  - Rasen mähen, Unkraut jäten, Garten wässern, Blumen gießen,
  - viele Putzarbeiten,
  - ihr Zimmer sauber halten,
  - sich eigenständig um ein Haustier kümmern.

Besprechen Sie regelmäßig Ihre Arbeitsteilung und lassen Sie Beschwerden und Anregungen in Absprachen einfließen.

Gemeinsam sind wir stark!
Versuchen Sie Zeiten einzurichten, in denen alle gemeinsam im Haus ihren Arbeiten nachgehen. Erfahrungsgemäß klappt Teamwork am besten, wenn die gesamte Familie zur gleichen Zeit im Haushalt arbeitet und sie sich nach Abschluss etwas Schönes vorgenommen hat. Bezeichnen Sie das bewusst als »gemeinsame Zeit«, in der geredet

Zum Schluss eine Belohnung für alle

- Gemeinsam ins Kino gehen,
- Feuer im Garten machen,
- ein Gesellschaftsspiel,
- ein Ausflug,
- ein Gang zur Eisdiele,
- gemeinsam wandern.

und gelacht wird – und nebenbei alles schön ordentlich wird. Nebeneffekt: Wenn alle zur gleichen Zeit arbeiten, lernen Kinder und Partner den Wert der Arbeit schätzen und haben eher Interesse daran, die Wohnung generell ordentlich zu halten.

Outsourcen – wie Dritte Sie unterstützen können

In der Familienkonferenz haben Sie festgestellt, dass einige Jobs sich nicht innerhalb der »Firma« erledigen lassen (mangelnde Fähigkeiten, keine Zeit, keine Lust). Um sich langfristig zu entlasten, hin und wieder Unterstützung zu haben oder um Engpässe zu überbrücken, müssen Sie also Aufgaben an Dritte vergeben. Und das muss nicht immer teuer sein.

Nachbarschaftshilfen und Tauschringe

Viele Hilfen können Sie kostenlos über örtliche Tauschringe bekommen. Infos dazu haben meist die Gemeinden oder die Nachbarschaftshilfe. Oder Sie tauschen Leistungen in Ihrem Bekanntenkreis – eine Hand wäscht die andere. Bauen Sie sich in jedem Fall ein Netzwerk auf – das ist die größte Hilfe für Familien im Alltag und in Notfällen. Über Ihre Kontakte zu anderen Eltern bekommen Sie in vielen Fällen kostenlose Unterstützung, weil Sie sich als Chauffeur für Ihre Kinder abwechseln oder eine ältere Nachbarin froh um Kontakt

Eine Zugehfrau oder Haushaltshilfe

- entlastet Ihre Beziehung, weil das ständige Streiten um die Putzerei wegfällt,
- ermöglicht Ihnen Freizeitaktivitäten am Samstag mit der ganzen Familie – Zeit, in der sonst alle putzen müssten,
- hebt Ihr Selbstwertgefühl, weil Sie sich nicht mehr als Putz-Depp fühlen müssen,
- erzieht Sie und alle Familienmitglieder zur Ordnung, weil alle vor dem Putzen aufräumen müssen. Wer regelmäßig räumt, hat eine höhere Grundordnung und somit weniger Arbeit.

zu Kindern ist. Ältere Nachbarn erzählen oder lesen gern Geschichten vor, kennen Pflanzen und Tiere. Suchen Sie in einem Netzwerk wertvolle Hinweise auf zuverlässige Helfer oder gemeinsame Möglichkeiten (gemeinsame Kinderfrau). Investieren Sie in Unterstützung, und bessern Sie gegebenenfalls dafür Ihre Haushaltskasse auf, indem Sie in der Nachbarschaftshilfe arbeiten, Kurse beim Turnverein geben oder Zeug aus dem Haus versteigern.

Wertschätzung und Lob

Ihre Familienmitglieder halten sich – trotz gemeinsamer Planung – nicht an die Absprachen? Fragen Sie sich dann, was hinter der Ablehnung stecken könnte und suchen Sie das offene Gespräch. Wenn andere Menschen Absprachen unterlaufen, dann kann dies viel mit ihrer eigenen Geschichte zu tun haben. Wenn ein Partner immer vom eigenen Vater hörte

»Männer, die einen Putzlappen in die Hand nehmen, sind Weicheier. – Ein echter Mann putzt nicht«, und seine Freunde jeden »modernen« Mann als »tuntigen Schlappschwanz« verlachen, dann ist es kein Wunder, dass er nie putzen will. Klären Sie diese »Altlasten« und suchen Sie nach Lösungen.

Nutzen verdeutlichen

Sie können sehr schnell Menschen für eine Sache gewinnen, wenn Sie den Nutzen für den anderen oder für die ganze Familie deutlich machen. Formulieren Sie dabei positiv. »Wenn du alle Bücher ins Regal geräumt hast, dann findest du dein Lieblingsbuch künftig schneller und wir haben abends mehr Zeit, Gute-Nacht-Geschichten zu lesen.« – »Wenn ich arbeiten gehe, dann fühle ich mich besser, kann ausgeglichener mit den Kindern spielen und wir haben abends hier nicht mehr so ein Theater.« – »Wenn ich Sport mache, bin ich weniger krank.« **Malen Sie in Worten ruhig ein buntes Bild, wie positiv sich diese oder jene kleine Veränderung auf das Familienleben auswirkt.** Sie haben das für sich in Kapitel 1 bereits gemacht. Je plakativer Sie es schildern, desto attraktiver wird das Ziel für die anderen. Und desto eher werden Sie in Ihren Wünschen unterstützt.

Andere arbeiten anders

Akzeptieren Sie, dass andere Leute anders arbeiten als Sie. Das kann

> *Sage mir etwas und ich werde es vergessen. Zeige mir etwas und ich werde mich erinnern. Beteilige mich an etwas und ich werde verstehen.*
>
> Konfuzius

sogar sehr lehrreich sein, weil es Ihnen neue Ideen bringt. Seien Sie offen für die unterschiedlichen Arbeitsstile und äußern Sie konkret Ihre Vorstellung, wie die Arbeit gemacht werden soll. Dann wird schon ein befriedigendes Ergebnis herauskommen.

Nachputzen? Finger weg!

Jeder Mensch hat eine andere Vorstellung von Ordnung und Sauberkeit. Selbst – oder gerade – in Familien. Viele Frauen jammern »Mein Mann braucht zum Küche-Aufräumen ewig und dann muss ich immer noch hinterherputzen.« Aber es gibt auch Männer, die »reinlicher« sind als ihre Partnerinnen und gerne in den Ecken putzen oder das Familienauto regelmäßig auf Hochglanz polieren. Und manchmal beißen sich einfach die Interessen der gegensätzlichen Hirndominanzen: Die »Pedanterie« des einen trifft auf das »Chaos« des anderen – und das ist zeitweise schwer zu ertragen.

Klären Sie, wer welchen Standard an Ordnung und Sauberkeit vom Auto bis zu den Zimmerecken braucht, und wie das im Einzelnen zu schaffen ist. Nur weil *ein* Sauberkeitsfetischist in der Familie ist, müssen nicht alle gleichermaßen perfekt putzen. Vereinbaren Sie, dass der »Reinlichste« an den Tagen, an denen die anderen mit Aufräumen und Putzen dran sind, ein Auge zudrückt. Morgen darf er wieder alles blitzeblank machen! Oder verabreden Sie, dass die einen eine gesunde Grundordnung schaffen und der »Reinlichste« das i-Tüpfelchen macht. Wenn Sie das so besprechen, hat es nichts mehr mit Hinterher-Räumen zu tun, sondern der Ordnungsfreak frönt seinem »Hobby«.

Loben und Motivieren

Schaffen Sie in Ihrer Familie eine Kultur des Lobens und steigern Sie so die Zufriedenheit am Arbeitsplatz »Familie«.

Gewöhnen Sie sich an, Ihre Leistung Ihrer Familie zu zeigen und das Resultat miteinander zu feiern. Wer immer in ein blitzblankes Haus kommt, kann nicht wissen, welche Arbeit es war, diesen Zustand herzustellen. Erzählen Sie es deshalb, führen Sie Ihr Tagwerk vor und holen Sie sich Ihr Lob. Führen Sie diese Kultur des Lobens und der gegenseitigen Wertschätzung für alle Leistungen in Ihrer Familie ein. Wenn Ihr Sohn das ganze Feuerholz gehackt hat, schauen Sie sich das Ergebnis an, und sagen Sie ihm, wie gut er das gemacht hat. Wenn Ihre Tochter zum ersten Mal allein die Küche aufgeräumt hat, gehen Sie durch und loben Sie (und beißen Sie sich lieber auf die Zunge, bevor Sie sagen: »Das Ceran-Kochfeld ist noch schmutzig!«). Wenn Ihr Partner das Auto gewaschen hat, zeigen Sie ihm, dass Sie es gemerkt haben und sich freuen.

Sie mögen entgegnen: Es ist doch selbstverständlich, dass alle im Haushalt mithelfen. Weshalb soll ich da »herumtun« und loben? Tun Sie es einfach! Denn Lob und Feedback motivieren ungemein und mit dieser positiven Grundstimmung macht es den anderen in Zukunft (noch mehr) Spaß, diese Aufgaben zu erledigen.

Vom »man« zum »Ich«

In der Regel fragen die Familienmitglieder: »Was gibt es heute zu essen?«, so als ob eine gesichtslose Instanz das Essen herzaubert. In der Regel antworten die Köche: »Es gibt Nudeln in Gorgonzola-Sauce.« Rücken Sie Ihre Arbeit in den Mittelpunkt, einfach indem Sie antworten: »Ich habe Nudeln mit Gorgonzola-Sauce gekocht.« Sie werden erstaunt sein über die Wirkung.

Belohn-Systeme für Kinder

Mit Belohnungen können Sie positives Verhalten Ihrer Kinder stärken. Damit meine ich jetzt nicht Leistung gegen Geld (»Ein Euro, wenn du die Spülmaschine ausräumst«). Das fördert zwar zunächst die Hilfsbereitschaft, aber langfristig rühren die Kinder ohne »Kohle« keinen Finger mehr. Führen Sie besser ein Bonus-Blatt ein. Notieren Sie dazu Arbeiten Ihres Kindes auf und bestimmen Sie gemeinsam, wie viele Punkte (oder Sternchen) jede Aufgabe wert ist. Pro gut erledigter Aufgabe (ernennen Sie »Kontrolleure«, das müssen nicht Sie sein) bekommt das Kind einen Punkt auf sein Sammel-Blatt und bei einer bestimmten Anzahl gibt es eine Belohnung (Ausflug, Buch). Solche Belohnsysteme motivieren übrigens auch zum Lesen lernen, etwa so: nach fünf gelesenen Bücherei-Büchern einmal Minigolf spielen.

Ordnung halten und Aufräumen

Sie als Eltern haben eine Vorstellung, wie sauber und ordentlich es in Ihrem Haushalt sein soll. Je höher Sie die Latte hängen, desto mehr Zeit und Energie müssen Sie natürlich in den täglichen Unterhalt stecken. Hohe Ansprüche stressen doppelt: Menschen, die erst glücklich sind, wenn auch noch die Jalousien von innen gewaschen werden, brauchen mehr Zeit, um ihren Standard aufrechtzuerhalten, als Menschen, die auch mal ein paar Tage mit Zahnpasta-Spritzern am Spiegel leben können.

Messlatte auf eine neue Höhe legen

Legen Sie Ihre Messlatte ab sofort auf die Höhe, die Ihren *jetzigen* Lebensumständen gerecht wird. Sie *wohnen* in Ihren vier Wänden und haben keine Möbelausstellung. Pfeifen Sie auf die kritischen Blicke

> *Dieses Haus ist sauber genug, um gesund zu bleiben und schmutzig genug, um glücklich zu sein.*
>
> Anonym

kinderloser Freundinnen oder der Schwiegermutter.

Machen Sie heute den ersten Schritt zu einem passenden Ordnungsmodell in Ihrem privaten Alltag. Halten Sie sich vor Augen, dass wir Westeuropäer im Schnitt eine Stunde pro Tag (!) mit Suchen verbringen. **Weniger Suchen heißt deshalb mehr Zeit für sich und die schönen Dinge des Lebens haben.**

Fangen Sie in kleinen Schritten an

Trennen Sie sich von dem, was Sie belastet und gewinnen Sie weit mehr als Platz. Gewinnen Sie das Gefühl, dass Sie Ihren Besitz beherrschen (und nicht umgekehrt), dass Sie sich langfristig Raum zum Atmen und Wohlfühlen schaffen und dass Sie sich die Quelle von Streit, Missgunst und aufwändiger Putzarbeit vom Hals schaffen.

Machen Sie kleine Schritte. Unterteilen Sie Ihr Ziel »gründlich ausmisten und täglich Ordnung halten« in viele kleine Teilziele. Welche Arbeit sehen Sie gerade? In welche Abschnitte können Sie die Arbeit aufteilen? Feiern Sie Etappensiege auf dem Weg zur Ordnung: Das CD-Regalfach statt dem ganzen Wohnzimmerschrank. Die Sockenschublade statt dem kompletten Kleiderschrank. Die Tasse neben dem Telefon, die ursprünglich nur für Stifte gedacht war und jetzt bis oben hin mit Ramsch voll ist, statt dem ganzen Sekretär. Beginnen Sie mit Einheiten, die sehr schnell gehen (die Tasse neben dem Telefon kostet Sie vielleicht fünf Minuten Arbeit) und genießen

Sie anschließend das gute Gefühl, dass Sie einen ersten Schritt getan haben.

Wählen Sie in den kommenden Tagen, Wochen und Monaten einen Abschnitt nach dem anderen und planen Sie dafür je nach Größe Zeit ein. Wählen Sie die »Einheit des Tages« so, dass Sie bequem fertig werden – und lassen Sie sich nicht durch Telefon oder Türklingeln stören. Sie erledigen gerade eine wichtige Aufgabe!

Im Laufe der Zeit werden Sie feststellen, dass Sie immer schneller räumen. Der Grund: Ihre Routine nimmt zu, und wer einmal das befreiende Gefühl des »Abschieds« gespürt hat, trennt sich leichter. Sie hadern also nicht mehr bei jedem Teil, was Sie damit machen sollen. Mit solchen kleinen Schritten haben Sie in wenigen Wochen ein aufgeräumtes Zuhause. Garantiert.

So entrümpeln Sie richtig

- Eine ganze Einheit: Suchen Sie sich eine Einheit (z. B. eine Schublade, eine Tasche) und räumen Sie sie komplett auf.
- Ganz oder gar nicht! Leeren Sie diese Einheit völlig aus.
- Glänzende Aussichten! Wischen Sie die nun leere Einheit feucht aus und freuen Sie sich, wie schön das in wenigen Minuten wieder aussehen wird.
- Magisches Viereck: Sortieren Sie den Inhalt auf dem Boden in die vier Kategorien des Magischen Vierecks (siehe pdf-Workbook).
- Säubern und einräumen: Säubern Sie die Dinge, die Sie nach dem Sortieren wirklich behalten wollen und räumen Sie sie schön ordentlich wieder ein.
- Jubeln: Freuen Sie sich über das, was Sie geschafft haben.

Räumen mit Kleinkind

Eltern von Kleinkindern klagen häufig, dass sie nicht ausmisten können: Abends sind sie zu müde, tagsüber verteilen die Kleinen die Sachen sofort im Haus. Wenn Sie jeweils nur *eine Einheit* ausräumen, dann können Sie die Sachen außer Reichweite des Kindes (auf der Arbeitsplatte, Tisch, Bett) sortieren. Geben Sie Ihrem Kind ebenfalls eine Schublade oder Kiste, die es »ausmisten« darf. Oder beziehen Sie es mit ein, indem es die Dinge in die jeweiligen Kisten legt. Sehen Sie die Räum-Zeiten als gemeinsame Zeit, als gemeinsames Spiel, das Spaß macht und auch noch einen Nutzen bringt. Oder machen Sie eine Mini-Einheit am Abend.

Der Mensch ist ein Gewohnheitstier

Mit neuen Gewohnheiten behalten Sie die Ordnung spielend leicht bei. Erledigen Sie Tätigkeiten, die 30 Sekunden oder kürzer in Anspruch nehmen, sofort:

- Wenn Sie etwas öffnen, schließen Sie es wieder.
- Wenn Ihnen etwas herunterfällt, heben Sie es wieder auf.
- Wenn Sie etwas herausnehmen, legen Sie es zurück.
- Wenn Sie etwas abgehängt haben, hängen Sie es zurück.

Sie werden staunen, wie aufgeräumt es alleine mit geschlossenen Schranktüren und leeren Flächen ausschaut. Räumen Sie vor dem Schlafengehen auf: Geschirr in die Maschine, Tische abwischen, Spielzeug aufheben. Genießen Sie morgens die Ordnung.

Mehr Zeit dank weniger Zeug

Schauen Sie sich um, und werfen Sie *jetzt* drei Dinge weg, die Sie nicht mehr brauchen. Freuen Sie sich – ein Anfang ist gemacht. Entrümpeln Sie regelmäßig Ihre Wohnung und schaffen Sie mit ein paar Kniffen dauerhaft Ordnung. Weitere Tipps dazu finden Sie in Ihrem PDF-Workbook. Überlisten Sie sich selbst.

Belohnungen

Damit Sie langfristig bei der Stange bleiben, belohnen Sie sich! Lächeln Sie sich im Spiegel an. Stellen Sie sich frische Blumen auf die aufgeräumte Kommode. Schaffen Sie auch »Belohnungen«, wenn die Kinder Ordnung halten, wie z. B. ein Glöckchen an der Schranktüre, das lustig bimmelt. Und natürlich: Loben Sie!

Urlaub von der Familie

Sie können noch so viel über Ihren Stress, die Belastung der Hausarbeit, die durchwachten Nächte, die quengeligen Kinder am Nachmittag erzählen – das kann nur jemand nachvollziehen, der es am eigenen Leib erfahren hat. **Steigern Sie die Wertschätzung für Ihre Arbeit in nur zwei Tagen um das Tausendfache – und fahren Sie übers Wochenende weg.** Verzichten Sie darauf, hundert Post-its mit Anweisungen aufzukleben und lassen Sie Ihrem Partner freie Hand.

Es geht nicht darum, ihm »eins auszuwischen« und ihn »reinrasseln« zu lassen. Es geht darum, dass wir besser verstehen, was wir selbst getan haben. Natürlich wird er nicht die Routine haben, die Sie in den letzten Jahren entwickelt haben und an diesem Wochenende kochen, bügeln und putzen. Das muss er auch nicht. Er soll sich ein schönes Wochenende mit den Kindern machen, und er wird es schaffen, dass sie was zu essen bekommen und abends ins Bett gehen. Und wenn er den Pizza-Service anruft, zu McDonalds oder zur Oma geht – na und? Hauptsache, Sie alle hatten an diesem Wochenende Ihren Spaß. Wenn Sie öfters alleine wegfahren, bekommt der Partner Routine darin, Kinder und Haushalt so zu bewerkstelligen, dass zumindest am Sonntagabend die Wohnung kein Schlachtfeld mehr ist. In jedem Fall werden alle Familienmitglieder nach einem solchen Wochenende Ihren täglichen Einsatz mehr schätzen.

AM BALL BLEIBEN: VERÄNDERUNGEN ERHALTEN

Sie haben als Familien-Coach Ihr Unternehmen Familie auf Kurs gebracht. Sorgen Sie jetzt dafür, dass dieser Kurs auch gehalten wird.

IN DIESEM BUCH HABEN SIE GELERNT, wie Sie Stress, Frust und negative Erlebnisse in positive Energie verwandeln können. Das Handwerkszeug dazu und viele Tipps und Tricks aus dem Zeit- und Selbstmanagement helfen Ihnen dabei, sich selbst im Blick zu behalten. Mit den Ideen aus diesem Kleinen Coach können Sie Ihre Lebensqualität verbessern und Ihren Familienalltag in den Griff bekommen. Natürlich haben die Lösungsvorschläge auch Grenzen. Nicht alles mag in Ihrer eigenen Situation sinnvoll sein. Vertrauen Sie bei der Wahl der Lösung auf Ihren gesunden Menschenverstand. Sie werden merken, welche Anregungen Ihnen persönlich helfen und in welchem Maße sich diese in Ihrem Tages- und Wochenablauf umsetzen lassen. Nehmen Sie sich pro Tag nicht zu viel vor, sondern gehen Sie in kleinen Schritten auf ein besseres und schöneres Leben in der Zukunft zu.
Holen Sie sich zum Abschluss noch ein paar Rückenstärker und Ideen, damit Sie als Coach Ihre Familie dauerhaft in ein ruhigeres Fahrwasser lotsen können und Ihnen kein Sturm etwas anhaben kann.

Zeit lassen und Träumen

Lassen Sie sich Zeit, Anregungen und eigene Ideen umzusetzen und verändern Sie Kleinigkeiten nur nach und nach in den verschiedenen Bereichen Ihres Lebens. Erst wenn eine neue Arbeits- oder Denkweise oder der neue Arbeitsablauf sich eingespielt haben, nehmen Sie sich die nächsten für Sie passenden Schritte vor.

● Kleine Schritte machen es Ihnen leichter, Alltagsaufgaben zu erledigen.

● Kleine Schritte machen es Ihnen leichter, Ihre Träume zu realisieren und Ihre Ziele zu erreichen.

● Und kleine Schritte machen es auch Ihrem Umfeld leichter, Veränderungen zu akzeptieren.

● Nehmen Sie Kritik oder Einwände an Ihren Plänen oder Ihrer veränderten Alltagsstrategie nicht persönlich.

Forscher haben herausgefunden, dass 83 Prozent der Menschen »Bewahrer« und nur 17 Prozent der Menschen »Veränderer« sind. Das bedeutet, dass die meisten Menschen an Gewohnheiten festhalten und etwas Neues ablehnen. Lassen Sie ihnen die Zeit, den Sinn und Nutzen einer neuen Situation oder neuer Gewohnheiten zu verstehen. Erkennen Sie, dass hinter der Kritik der anderen oft auch heimliche Bewunderung steht.

Die Macht der Gewohnheit ist groß

Ja, es wird so sein: Eine Zeit lang geht alles gut. Alle in der Familie haben sich an die neuen Regeln, Routinen und Rituale, die Sie eingeführt haben, gehalten. Doch oft kommt nach einigen Wochen der Rückfall in alte Gewohnheiten. Da hilft nur ein eins: mit Spaß und Abwechslung standhaft bleiben und neue Gewohnheiten langsam festigen. Wie können Sie und Ihre Familie sich die (unbeliebten) Aufgaben interessanter machen?

Welches neue Werkzeug könnte helfen? Wie könnten Sie Aufgaben neu in der Familie verteilen? Halten Sie das Thema lebendig und verändern Sie regelmäßig Kleinigkeiten, das hilft.

Bleiben Sie konsequent bei neuen Terminen. Wenn Sie beispielsweise für Dienstagabend eine Sportstunde für sich eingeführt haben, gehen Sie auch. Wenn Sie an einem Dienstag nicht gehen, weil es zu kalt ist, und am nächsten weil im Fernsehen was Gutes kommt, dann brauchen Sie sich nicht wundern, wenn am dritten Dienstag Ihr Mann zu spät von der Arbeit kommt oder die Kinder Sie am Fortgehen hindern. Sie haben ja selbst gezeigt, dass Ihnen der Sport nicht so wichtig ist! Halten Sie sich selbst an Ihre neuen Routinen,

dann geht es auch den anderen in Fleisch und Blut über.

Bleiben Sie am Ball, Sie legen IHREN Grad an Zufall und Chaos fest und organisieren, was Sie organisiert haben möchten. So gerüstet werden Sie als Familie auch stürmische Zeiten besser durchleben und mehr auf Ihren eigenen Rhythmus hören.

Die Macht der Träume ist eine Chance

Menschen verändern sich und mit ihnen ihre Träume. Träumen Sie immer wieder mit der ganzen Familie. Wenn Sie alleine träumen, bleibt vieles nur ein Traum. Wenn Sie gemeinsam träumen, ist es der Anfang der Wirklichkeit. Machen Sie künftig einmal im Jahr eine »Ziel-Reise«. Notieren Sie z. B. am Ende oder Anfang eines Jahres Ihre Ziele für das kommende Jahr. Sie werden staunen, was sich dadurch in Ihrem Leben verändern wird. Setzen Sie sich aber nicht unter Druck. Wer immer nur auf seine Ziele starrt und verkrampft versucht sie zu erreichen, erntet oftmals viel Frust. Wer mit Pfeil und Bogen ein Ziel erreichen will, muss den Bogen anlegen, zielen und dann – loslassen. Wer den Pfeil krampfhaft festhält, trifft niemals ins Schwarze.

Die Glückslüge?

Viele Menschen bezweifeln, dass sie es in der Hand haben, glücklich zu sein. Sie glauben nicht daran, dass jeder in die Richtung marschieren kann, in die er will, weil sich das Leben nicht kontrollieren lasse und äußere Einflüsse massiv mitmischen. Das stimmt. Unser Leben lässt sich nicht zu 100 Prozent kontrollieren. Immer beeinflussen andere Menschen und Ereignisse sowie die sozialen oder politischen Bedingungen, wo es für uns »langgeht«. Kritiker der Motivations- und Selbstmanagement-Welle sprechen deshalb auch

gerne von einer »Glückslüge«, die schon wieder einen Druck aufbaue: »Wenn ich *nicht* selbstbestimmt lebe, dann bin ich ein Versager.« Natürlich gibt es keine Garantie, dass Sie bekommen, was Sie wollen. Aber mit Sicherheit können Sie Ihr Schicksal mitbestimmen und Ihren Teil dazu beitragen, dass Ihr Leben so wird, wie Sie es sich wünschen. Das klappt erstaunlich oft. Wer seinen gesunden Menschenverstand einschaltet, der kann nach und nach zufriedener werden, sei es, indem er an konkreten Situationen etwas ändert oder indem er an seinen Einstellungen arbeitet. Andererseits gibt es Situationen, die wir nicht beeinflussen können, wohl aber unsere Reaktion darauf. Sie können beispielsweise nichts daran ändern, dass es regnet, aber Sie können trotzdem joggen gehen. *Sie* entscheiden, ob Sie im Stau stehen und sich über das tägliche Verkehrschaos aufregen, oder ob Sie Radio oder ein Hörbuch hören oder morgen eben eher losfahren.

Verwandeln Sie Frust in Lust

Im Alltag, im Beruf, in der Partnerschaft und mit Kindern erleben Sie neben schönen und erfüllenden Momenten auch Streit, Tränen und Einsamkeit. Wenn Sie jedoch selbstbestimmt leben – also nicht andere Menschen für Ihr Glück oder Unglück verantwortlich machen, entscheiden Sie in nervigen, deprimierenden oder unzufriedenen Momenten darüber, wie Sie damit umgehen. Ändern Sie *bewusst* Ihre Einstellung zu Dingen, die Sie nicht ändern können. Und verwandeln Sie Stress, Frust und Ärger in positive Energie, die Ihnen Auftrieb gibt.

In unschönen Situationen fragen wir uns oft: »Warum immer ich? Warum gerade jetzt? Warum hilft mir keiner?« Andere Menschen fragen sich hingegen: »Was kann ich daraus lernen? Wozu könnte das gut sein? Wie komme ich da am besten raus? Wer könnte mir

Tipp: Entscheidungshilfen

Fragen Sie sich in Situationen, die Ihnen nicht gefallen, welche der drei Lösungen helfen könnte:

Change it: Ändern Sie Lebensumstände oder Alltagssituationen, die Ihnen nicht gefallen.

Leave it: Wenn Sie keine Chance sehen, etwas zu verändern, verabschieden Sie sich eindeutig von Umständen, die Sie unglücklich machen. Setzen Sie Prioritäten.

Love it: Wenn Sie etwas weder ändern noch lassen können, dann nehmen Sie es 100-prozentig an. Lassen Sie sich ganz darauf ein. Ändern Sie Ihre innere Einstellung und bekennen Sie sich zu dem, was ist.

dabei helfen?« Es ist erwiesen, dass unsere Gedanken sehr stark unsere Gefühle bestimmen. Alleine schon durch die »richtige« Frage verändern sich unsere Emotionen.

Die Macht der Gedanken lässt sich steuern

Die Lösung besteht also darin, sich selbst die richtigen Fragen zu stellen, um die Gedanken in die richtige Richtung zu schicken und damit die richtigen Gefühle auszulösen. Zum Glück können wir das trainieren, indem wir bewusst unser Denken beobachten und destruktive Fragen durch positive, ich-bezogene Fragen ersetzen, die uns stärken. Suchen Sie im »Schlamm« die Perle, die Ihnen eine Situation wertvoll macht. Z. B. sind nicht alle Menschen bei einem Familienfest »unerträglich«. Suchen Sie sich jemanden auf Ihrer Wellenlänge. Nutzen Sie außerdem die Macht der Gedanken und denken Sie sich eine Situation »schön«. Spielen Sie beispielsweise mal ein Rollenspiel mit sich selbst bei einer ungeliebten Tätigkeit: Sie sind Experte auf diesem Gebiet und preisen die Vorzüge der Situation oder der Tätigkeit laut gegenüber einem (unsichtbaren) »Kunden«. Sagen Sie sich »Ich mache das gerne« und tun Sie so, als ob Sie es wirklich gerne

Die Lachübung

Stellen Sie sich vor den Spiegel und lächeln Sie zwei Minuten ganz extrem – machen Sie eine Lachfratze. Danach fühlen Sie sich besser. 1. weil Sie über sich selbst lachen müssen. 2. Durch das extreme Hochziehen der Mundwinkel drücken die Wangenmuskeln auf einen bestimmten Nerv, der signalisiert: »Glückshormon ausschütten«. Und das hebt die Stimmung.

tun. Damit überlisten Sie Ihr Unterbewusstsein und die Angst oder Aversion verschwindet. »Der Appetit kommt beim Essen«, sagt der Volksmund. Und meistens, wenn wir uns zu einer Arbeit aufgerafft haben, machen wir sie auch fertig und freuen uns.

Kein Mensch ist wirklich allein

Halten Sie sich bei Problemen vor Augen, dass die Situation von begrenzter Dauer ist, wie der berühmte Streifen am Horizont. Oder fragen Sie andere, die mit ähnlichen Situationen umgehen müssen, nach ihren Erfahrungen. Allein schon das Wissen, dass Sie mit Ihren Problemen nicht allein sind, entlastet Sie viel mehr, als Sie für möglich halten. Erinnern Sie sich an eine ähnliche Situation, die Sie gemeistert haben.

Den Stress weglachen

Nehmen Sie es mit Humor. Menschen, die unter immensem Druck stehen, verlieren leicht den Blick auf die trotz allem auch komischen Seiten einer Situation und sehen auch die kleinsten Hindernisse als unbezwingbare Berge. Dabei kann Humor – und sei es nur Galgenhumor – brenzlige Situationen entschärfen. Sorgen Sie mit einem Lächeln zwischendurch oder einem herzhaften Lachen für emotionale Erleichterung. Das Allerwichtigste aber kommt daher als altbekannte Weisheit, die Sie gut und gerne auch in ein Poesiealbum schreiben könnten: Geben Sie jedem Tag die Chance, der schönste Ihres Lebens zu werden. Nehmen Sie freudige Augenblicke bewusst wahr, denn es sind nicht die großen Erfolge, die uns Glück bescheren, sondern die kleinen Momente, die das Leben lebenswert machen. Kinderlachen, der Geruch von gebrannten Mandeln, der erste Marienkäfer (und der zweite), Sonnenschein. Wenn die Sonne nicht lacht, dann lächelt eine Blume. Und Blumen können Sie sich immer selbst schenken.

Bücher & Adressen, die weiterhelfen

Covey, Stephen R.: Die 7 Wege zur Effektivität für Familien, Gabal

Eltern for Family, 04/2012, S. 30ff.

Engelbrecht, Sigrid: Lass Dich nicht vereinnahmen, München, GRÄFE UND UNZER VERLAG

Eßwein, Jan Thorsten: Achtsamkeitstraining, GRÄFE UND UNZER VERLAG

Kingston, Karen: Feng Shui gegen das Gerümpel des Alltags, Rowohlt

Nussbaum, Cordula: Organisieren Sie noch oder leben Sie schon? Zeitmanagement für Kreative Chaoten, Campus

Nussbaum, Cordula: Bunte Vögel fliegen höher. Die Karrieregeheimnisse der Kreativen Chaoten, Campus

Nussbaum, Cordula: Abenteuer Familienalltag. So stemmen Sie das tägliche Chaos gelassen und souverän, B & W, (Hörbuch)

Nussbaum, Cordula: 56 × Entspannung, Ein Booklet der AOK

Stumpf, Werner: Homöopathie

Ware, Bronnie: The Top Five Regrets of the Dying, Hay House UK

Winterhoff, Michael: Tyrannen müssen nicht sein, Goldmann 2010

www.flylady.net Amerikanische Website mit Tipps zum Ausmisten und Putzen.

www.zeit-zu-leben.de Ratgeber für Erfolg, Zufriedenheit und Lebensqualität.

www.Kreative-Chaoten.com Portal der Autorin mit zahlreichen Selbstchecks, Downloads, BLOG-Beiträgen, Podcast.

So kann es weitergehen

Sie möchten Ihren privaten Alltag oder Ihren Wiedereinstieg in den Beruf smarter gestalten? Ein Coach kann Ihnen helfen, Ihre Wünsche und Ziele schneller zu erkennen und zu erreichen. Cordula Nussbaum, Expertin für kreativ-chaotisches Selbst- und Familienmanagement, unterstützt Sie gerne im persönlichen Gespräch oder im Seminar.
Direkt-Kontakt zu Cordula Nussbaum: info@Kreative-Chaoten.com, www.Kreative-Chaoten.com. Schreiben Sie uns, wir freuen uns auf Sie.

Die werden Sie auch lieben.

www.gu.de: Blättern Sie in unseren Büchern, entdecken Sie wertvolle Hintergrundinformationen sowie unsere Neuerscheinungen.

IMPRESSUM

© 2013 GRÄFE UND UNZER VERLAG GmbH, München. Alle Rechte vorbehalten. Nachdruck, auch auszugsweise, sowie Verbreitung durch Film, Funk, Fernsehen und Internet, durch fotomechanische Wiedergabe, Tonträger und Datenverarbeitungssysteme jeglicher Art nur mit schriftlicher Genehmigung des Verlags.

Projektleitung: Nikola Hirmer

Lektorat: Freies Lektorat Sabine vom Bruch, Berlin

Korrektorat: Claudia Kohnle

Innenlayout, Typographie und Umschlaggestaltung: independent Medien-Design, Horst Moser

Coverillustration: independent Medien-Design, Horst Moser

Syndication: www.jalag-syndication.de

Satz: Knipping Werbung GmbH, Berg/Starnberger See

Herstellung: Susanne Mühldorfer

Reproduktion: Longo AG, Bozen

Druck: Printed in China

ISBN 978-3-8338-2829-4

1. Auflage 2013

 www.facebook.com/gu.verlag

Ein Unternehmen der
GANSKE VERLAGSGRUPPE

Unsere Garantie

Alle Informationen in diesem Ratgeber sind sorgfältig und gewissenhaft geprüft. Sollte dennoch einmal ein Fehler enthalten sein, schicken Sie uns das Buch mit dem entsprechenden Hinweis an unseren Leserservice zurück. Wir tauschen Ihnen den GU-Ratgeber gegen einen anderen zum gleichen oder einem ähnlichen Thema um.

Liebe Leserin und lieber Leser,

wir freuen uns, dass Sie sich für ein GU-Buch entschieden haben. Mit Ihrem Kauf setzen Sie auf die Qualität, Kompetenz und Aktualität unserer Ratgeber. Dafür sagen wir Danke! Wir wollen als führender Ratgeberverlag noch besser werden. Daher ist uns Ihre Meinung wichtig. Bitte senden Sie uns Ihre Anregungen, Ihre Kritik oder Ihr Lob zu unseren Büchern. Haben Sie Fragen oder benötigen Sie weiteren Rat zum Thema? Wir freuen uns auf Ihre Nachricht!

Wir sind für Sie da!

Montag–Donnerstag: 8.00–18.00 Uhr; Freitag: 8.00–16.00 Uhr
Tel.: 0180-500 50 54*
Fax: 0180-5012054*
E-Mail: leserservice@graefe-und-unzer.de

* (0,14 €/Min. aus dem dt. Festnetz/ Mobilfunk- preise maximal 0,42 €/Min.)

PS: Wollen Sie noch mehr Aktuelles von GU wissen, dann abonnieren Sie doch unseren kostenlosen GU-Online-Newsletter und/oder unsere kostenlosen Kundenmagazine.

GRÄFE UND UNZER VERLAG
Leserservice · Postfach 86 03 13
81630 München